Inhaltsverzeichnis

Wiederholung

Kleines Einmaleins (1)	2
Kleines Einmaleins (2)	4
Zahlen bis 2 000 darstellen .	6
Zahlen bis 2 000 ordnen und vergleichen	8
Kopfrechnen bis 2 000 (1) . .	12
Kopfrechnen bis 2 000 (2) . .	14

Zahlen bis zur Million

Große Zahlen darstellen . . .	24
Zahlenstrahl bis 100 000 . . .	26
Nachbarzahlen bis 100 000 .	28
Zahlenstrahl bis zur Million .	32
Zahlen bis zur Million ordnen und vergleichen	34

Arithmetik

⊕ und ⊖

Rechenwege ⊕	16
Rechenwege ⊖	17
Schriftlich addieren und subtrahieren (1)	18
Schriftlich addieren und subtrahieren (2)	20
In Schritten bis 100 000	30
In Schritten bis zur Million . .	36
Addieren bis zur Million	50
Subtrahieren bis zur Million .	52

⊙ und ⊙

Multiplizieren mit 10 und 100	40
Dividieren durch 10 und 100	41
Multiplizieren und Dividieren großer Zahlen . . .	42
Halbschriftlich multiplizieren	44
Halbschriftlich dividieren . . .	46
Schriftlich multiplizieren (1) .	54
Schriftlich multiplizieren (2) .	56
Dividieren mit Rest	60
Schriftlich dividieren	62

Wahrnehmungsförderung

Genau schauen (1)	5
Genau schauen (2)	48
Figuren nachzeichnen	64

Raumerfahrung und Orientierung

Orientierung mit der Landkarte	10

Geometrie

Achsensymmetrie	22
Muster	29
Quader und Quadernetze . .	38
Würfelgebäude	58
Verschiebung	59

Das kannst du jetzt im Schlaf!

1 Rechne.

·	3	6	9
2			
4			
8			

·	2	4	8
2			
4			
8			

·	5	0	7
2			
4			
8			

·	3	6	9
3			
6			
9			

·	5	10	7
3			
6			
9			

·	5	10	7
5			
0			
7			

2 Finde zu jeder Ergebniszahl passende Malaufgaben.

 20
 12
 36
 24

3 Kleine Knobelei

Meine Zahl ist eine Quadratzahl und liegt zwischen 35 und 42.

Meine Zahl ist das Doppelte von 4 · 8.

4 **Zwei Zahlen in jedem Kästchen passen nicht.**
Streiche sie durch.

· 8

· 9

· 3

5 **3 Zahlen – 4 Aufgaben**

8   7   56

$8 \cdot 7 = 56$
$7 \cdot 8 = \dots$
$56 : 8 = \dots$
$56 : 7 = \dots$

Na klar ...

3   9   27

_____

_____

_____

_____

6   5   30

9   4   36

7   6   42

_____   _____   _____

_____   _____   _____

_____   _____   _____

6 **Kleine Knobelei**

Wenn ich 60 halbiere und
das Ergebnis durch 6 teile,
erhalte ich 5.

Wenn ich 35 verdopple und
das Ergebnis durch 7 teile,
erhalte ich 12.

☐ richtig   ☐ falsch

☐ richtig   ☐ falsch

Achtung: Oft bleibt ein Rest!

1 Teilen

12 : 3 = 4	16 : 4 =	20 : 5 =
13 : 3 = 4 R 1	17 : 4 =	22 : 5 =
14 : 3 =	19 : 4 =	24 : 5 =

42 : 6 =	56 : 7 =	72 : 8 =
43 : 6 =	57 : 7 =	74 : 8 =
45 : 6 =	59 : 7 =	75 : 8 =
46 : 6 =	60 : 7 =	77 : 8 =
47 : 6 =	62 : 7 =	78 : 8 =

2 Kleine Knobelei

Meine Zahl gehört zum 4er-
und zum 9er-Einmaleins.
Sie liegt zwischen 30 und 40.

Wie heißt die Zahl? ____

Meine Zahl liegt zwischen
50 und 60. Sie lässt sich
durch 7 und durch 8 teilen.

Wie heißt die Zahl? ____

Meine Zahl gehört zum 4er-
und zum 3er-Einmaleins.
Sie liegt zwischen 20 und 30.

Wie heißt die Zahl? ____

Meine Zahl gehört **nur** zur
7er-Reihe. Sie ist größer als
40 und kleiner als 50.

Wie heißt die Zahl? ____

① **Wie viele Verkehrsmittel erkennst du?** ____

Färbe den Bus, das Motorrad und den Hubschrauber.

② **Original und Spiegelbild: Kreise rechts die 6 Fehler ein.**

10 Hunderterplatten sind
1 Tausenderwürfel.

1 **Wie heißen die Zahlen?**

T	H	Z	E
1	0	0	0

= 1 000

T	H	Z	E

= _____

T	H	Z	E

= _____

T	H	Z	E

= _____

T	H	Z	E

= _____

T	H	Z	E

= _____

T	H	Z	E

= _____

T	H	Z	E

= _____

T	H	Z	E

= _____

T	H	Z	E

= _____

2 **Zerlege, zeichne, schreibe.**

a)

	T	H	Z	E	
$1\,000 + 300 + 30 + 3 =$	•	••	••	••	= 1 333
$1\,000 + 400 + 30 + 2 =$					=
$1\,000 + 500 + 40 + 4 =$					=
$1\,000 + 600 + 2 =$					=

b)

	T	H	Z	E	
$1\,000 + 200 + 70 + 4 =$	•	••	••• ••• ••	•• ••	= 1 274
	•		•• ••	•• •	=
	•	•• ••	••• ••• ••	•• ••	=
	•	••	•• •	•• ••	=

c)

	T	H	Z	E	
					= 1 569
					= 1 204
					= 1 073
					= 927

1 Ordne der Größe nach. Beginne mit der kleinsten Zahl.

1 534		798		1 354		1 798
	1 843		1 438		978	

———— ———— ———— ———— ———— ————

625		998		1 128		1 798
	1 879		1 534		1 347	

———— ———— ———— ———— ———— ————

2 Nachbarzahlen

Vorgänger	Zahl	Nachfolger
	1 569	
	1 324	
	1 696	

Vorgänger	Zahl	Nachfolger
	1 075	
	1 104	
	1 509	

3 Nachbarhunderter

Zwischen welchen Hundertern stehen die Zahlen?

200	260	300		1 571	
————	620	————		1 314	
————	1 620	————		1 682	

4 Vergleiche: < > =

1 928 ◯ 1 829	1 672 ◯ 1 726	1 982 ◯ 1 982
573 ◯ 735	1 242 ◯ 1 111	1 584 ◯ 1 485
1 846 ◯ 1 648	1 657 ◯ 1 567	1 689 ◯ 1 986

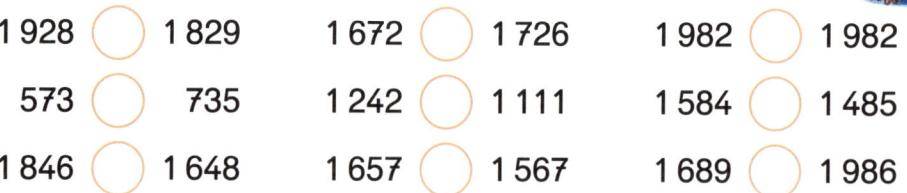

5 **Wie heißen die Zahlen? Trage ein.**

a)

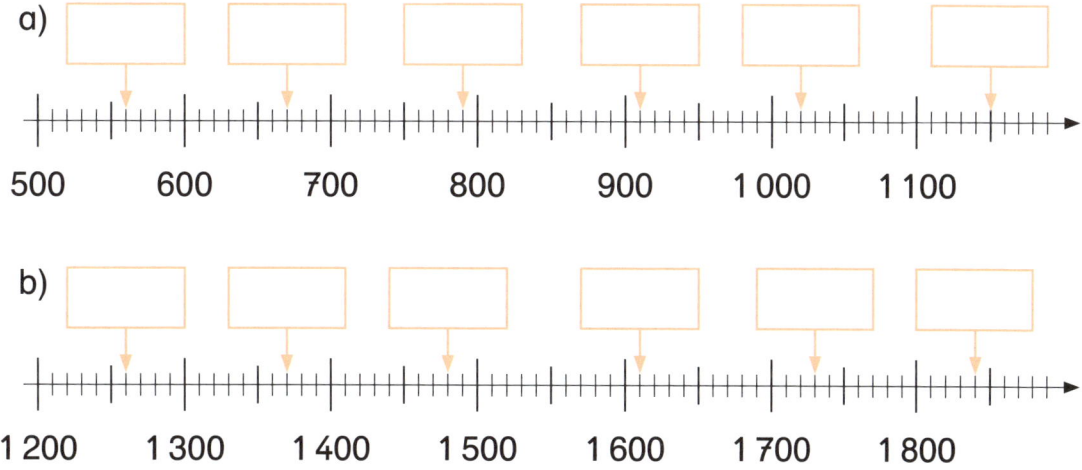

500   600   700   800   900   1 000   1 100

b)

1 200   1 300   1 400   1 500   1 600   1 700   1 800

6 **Setze die Zahlenreihen fort.**

a) 1 200, 1 210, 1 220, _____ , _____ , _____ , _____ , 1 270

b) 1 100, 1 200, 1 300, _____ , _____ , _____ , _____ , 1 800

c) 1 900, 1 880, 1 860, _____ , _____ , _____ , _____ , 1 760

d) 1 750, 1 700, 1 650, _____ , _____ , _____ , _____ , 1 400

7 **Kleine Knobelei**

Meine Zahl liegt zwischen 1 350 und 1 400,
sie hat 8 Zehner und halb so viele Einer.

Wie heißt die Zahl? _____

Meine Zahl hat 1 Tausender, 4 Hunderter, doppelt so viele
Zehner und halb so viele Einer wie Hunderter.

Wie heißt die Zahl? _____

Andreas und Sarah planen einen Ausflug mit ihren Eltern.
Sie betrachten die Landkarte.

Kreuze an, ob folgende Aussagen richtig oder falsch sind.

	richtig	falsch
Wenn ich von Mondhausen nach Grünstadt fahre, ist auf der linken Seite der See.	☐	☐
Wenn ich von Bodenbach zur Ruine Rostberg möchte, muss ich immer über Sternbach fahren.	☐	☐
Auf dem Weg von Grünstadt nach Mondhausen habe ich auf der linken Seite Wald und rechts den See.	☐	☐
Von Laufen kann ich direkt oder über Vogelburg nach Grünstadt fahren.	☐	☐
Wenn ich von Sternbach über Laufen nach Grünstadt fahre, muss ich an der Weggabelung die rechte Straße nehmen.	☐	☐
Aus Sternbach führen 3 Straßen heraus.	☐	☐
Laufen liegt etwa in der Mitte zwischen Sternbach und Grünstadt.	☐	☐
Wenn ich von Vogelburg nach Bodenbach fahre und etwa in der Mitte des Weges links abbiege, gelange ich nach Grünstadt.	☐	☐
Von Mondhausen nach Vogelburg kann ich nur über Bodenbach fahren.	☐	☐
Wenn ich nach Seeheim gehen will, gibt es nur die eine Straße über Sternbach.	☐	☐
Auf dem Weg von Vogelburg nach Sternbach komme ich immer an zwei Bädern vorbei.	☐	☐

1 Ergänze.

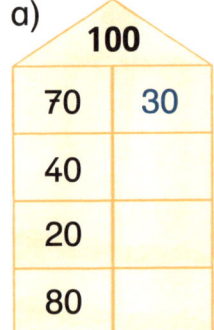

a)

100	
70	30
40	
20	
80	

200	
70	
40	
20	
80	

b)

1 000	
700	
400	
200	
800	

2 000	
700	
400	
200	
800	

2 Von kleineren zu größeren Aufgaben

a)
50 + 20 = _____

150 + 20 = _____

157 + 20 = _____

500 + 200 = _____

1 500 + 200 = _____

1 570 + 200 = _____

b)
30 + 60 = _____

130 + 60 = _____

139 + 60 = _____

300 + 600 = _____

1 300 + 600 = _____

1 390 + 600 = _____

c)
70 + 20 = _____

170 + 20 = _____

178 + 20 = _____

700 + 200 = _____

1 700 + 200 = _____

1 780 + 200 = _____

d)
40 + 50 = _____

140 + 50 = _____

145 + 50 = _____

400 + 500 = _____

1 400 + 500 = _____

1 450 + 500 = _____

3 **Ergänze.**

Rechnen bis 2 000 – ich kann's!

a)

100			200
10	90		90
	50		50
	30		30
	60		60

b)

1 000			2 000
	900		900
	500		500
	300		300
	600		600

4 **Von kleineren zu größeren Aufgaben**

a) $70 - 50 =$ _____

$170 - 50 =$ _____

$174 - 50 =$ _____

$700 - 500 =$ _____

$1\,700 - 500 =$ _____

$1\,740 - 500 =$ _____

b) $90 - 60 =$ _____

$190 - 60 =$ _____

$199 - 60 =$ _____

$900 - 600 =$ _____

$1\,900 - 600 =$ _____

$1\,990 - 600 =$ _____

c) $60 - 40 =$ _____

$160 - 40 =$ _____

$163 - 40 =$ _____

$600 - 400 =$ _____

$1\,600 - 400 =$ _____

$1\,630 - 400 =$ _____

d) $80 - 70 =$ _____

$180 - 70 =$ _____

$188 - 70 =$ _____

$800 - 700 =$ _____

$1\,800 - 700 =$ _____

$1\,880 - 700 =$ _____

1 **Welche Stelle ändert sich? Kennzeichne sie mit einem Punkt.
Rechne.**

Wenn ich die 5 Hunderter dazugebe, dann ändert sich die H-Stelle.

Wenn ich die 5 Zehner dazugebe, dann ändert sich die Z-Stelle. Wenn ich die 5 E …

… und wenn ich H und Z und …

$1\,413 + 500 = 1\,913$

$1\,413 + 50 = 1\,463$

$1\,413 + 5 = $ _____

$1\,413 + 550 = $ _____

a)

$1\,205 + 20 = \underline{1\,225}$	$543 + 400 = $ _____
$1\,205 + 200 = $ _____	$543 + 4 = $ _____
$1\,205 + 2 = $ _____	$543 + 40 = $ _____
$1\,205 + 220 = $ _____	$543 + 440 = $ _____
$1\,205 + 202 = $ _____	$543 + 404 = $ _____
$1\,205 + 222 = $ _____	$543 + 444 = $ _____

b)

$1\,768 - 5 = $ _____	$986 - 30 = $ _____
$1\,768 - 500 = $ _____	$986 - 300 = $ _____
$1\,768 - 50 = $ _____	$986 - 3 = $ _____
$1\,768 - 550 = $ _____	$986 - 330 = $ _____
$1\,768 - 505 = $ _____	$986 - 303 = $ _____
$1\,768 - 555 = $ _____	$986 - 333 = $ _____

2 **Von leichten zu schwierigeren Aufgaben**

a)   300 + 400 = _____

 1 300 + 400 = _____

 1 360 + 400 = _____

 1 360 + 410 = _____

 1 366 + 410 = _____

 1 366 + 412 = _____

b)   400 + 500 = _____

 1 400 + 500 = _____

 1 430 + 500 = _____

 1 430 + 520 = _____

 1 434 + 520 = _____

 1 434 + 523 = _____

c)   500 − 100 = _____

 1 500 − 100 = _____

 1 580 − 100 = _____

 1 580 − 160 = _____

 1 584 − 160 = _____

 1 584 − 163 = _____

d)   900 − 300 = _____

 1 900 − 300 = _____

 1 940 − 300 = _____

 1 940 − 330 = _____

 1 949 − 330 = _____

 1 949 − 336 = _____

Kopfrechnen bis 2 000:
Jetzt bin ich fit!

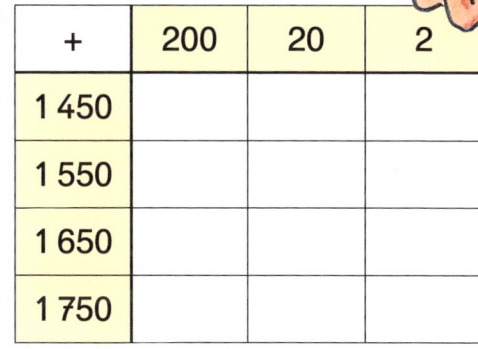

3

+	200	20	2
1 450			
1 550			
1 650			
1 750			

−	400	40	4
1 985			
1 885			
1 785			
1 685			

1 **Wie rechnest du?** 546 + 387 = _____

So?	Oder so?	Oder so?

546 + 300 = 846

846 + 80 = 926

926 + 7 = _____

5 4 6
+ 3 8 7

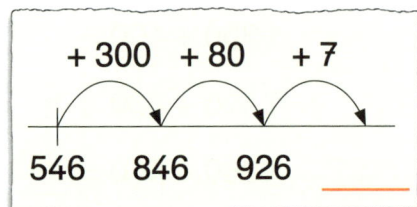

+ 300   + 80   + 7

546   846   926   _____

Rechne auf deinem Weg.

635 + 219 = _____

1 837 + 159 = _____

458 + 376 = _____

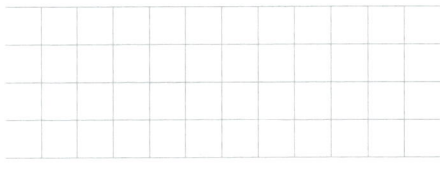

1 504 + 248 = _____

392 + 268 = _____

1 145 + 327 = _____

2 **Diese Aufgaben kannst du jetzt auf einen Blick lösen.**

Ja klar, das sind doch alles Verwandte der Aufgaben von ①.

1 635 + 219 = _____   837 + 159 = _____

1 458 + 376 = _____   504 + 248 = _____

1 392 + 268 = _____   145 + 327 = _____

1 **Wie rechnest du?** 964 – 328 = _____

So?   Oder so?   Oder so?

964 – 300 = 664

664 – 20 = 644

644 – 8 = _____

```
    9 6 4
 –  3 2 8
 ─────────
```

– 8   – 20   – 300

_____   644   664   964

Rechne auf deinem Weg.

892 – 454 = _____

1 766 – 279 = _____

659 – 386 = _____

1 343 – 168 = _____

786 – 529 = _____

1 854 – 637 = _____

2 **Diese Aufgaben kannst du jetzt auf einen Blick lösen.**

Ich suche oben die verwandte Aufgabe.

1 892 – 454 = _____   766 – 279 = _____

1 659 – 386 = _____   343 – 168 = _____

1 786 – 529 = _____   854 – 637 = _____

1 **Kreise zuerst ein, rechne dann.**

ein Übertrag

zwei Überträge

drei Überträge

```
    5 4 7
  + 3 5 6
  ───────
```

```
  1 4 9 6
  +   7 4 5
  ─────────
```

```
    7 0 8
  + 2 6 4
  ───────
```

```
      8 2
      8 7 4
  + 1 1 6 3
  ─────────
```

2 **Rechne jeweils nur die drei Aufgaben mit …**

a) … zwei Überträgen.

```
    4 5 9
  + 3 7 6
  ───────
```

```
  1 5 3 7
  +   8 5 5
  ─────────
```

```
  1 4 7 8
  +   6 2 1
  ─────────
```

```
    3 7 5
    5 3 6
  +     4 9
  ─────────
```

b) … drei Überträgen.

```
    7 6 7
  + 5 6 3
  ───────
```

```
    9 4 4
  + 1 0 6 5
  ─────────
```

```
  1 5 9 4
  +   4 0 6
  ─────────
```

```
      9 8
      8 5 4
  + 6 2 7
  ─────────
```

3 **Schreibe untereinander und rechne.**

1 248 + 539 + 94	407 + 785 + 68	1 637 + 59 + 196

4 **Kreise zuerst ein, rechne dann.**

 einmal wechseln

 zweimal wechseln

 nicht wechseln

```
    5 1 9          1 4 2 5          9 8 6          1 8 0 6
  - 3 4 7        -   2 4 9        - 5 7 3        -   6 5 4
  ―――――――        ―――――――――        ―――――――        ―――――――――
```

5 **Rechne jeweils nur die drei Aufgaben, bei denen du ...**

a) ... einmal wechseln musst.

```
    8 4 9          1 6 4 4          9 7 8          1 8 9 6
  - 5 8 3        -   3 3 9        - 4 8 6        -   7 4 2
  ―――――――        ―――――――――        ―――――――        ―――――――――
```

b) ... zweimal wechseln musst.

```
  1 6 7 0          9 2 4          1 7 6 8          1 6 3 5
  -   5 9 1      - 7 9 6        -   5 7 4        -   3 4 6
  ―――――――――        ―――――――        ―――――――――        ―――――――――
```

6 **Schreibe untereinander und rechne.**

1 209 – 846	936 – 683	1 045 – 759	1 827 – 98

19

Die Umkehraufgaben von
Plusrechnungen sind ...

① Rechne die Aufgabe und die Umkehraufgabe.

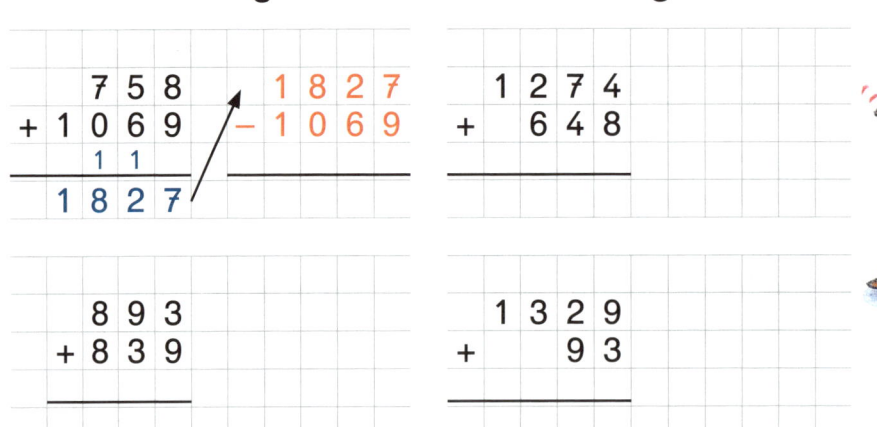

```
    7 5 8        1 8 2 7        1 2 7 4
+ 1 0 6 9      – 1 0 6 9      +   6 4 8
    1 1
  1 8 2 7
```

```
    8 9 3                      1 3 2 9
  + 8 3 9                    +     9 3
```

② Rechne jeweils nur die drei Aufgaben, deren Ergebnisse ...

a) ... zwischen 1 000 und 1 200 liegen.

```
    9 2 8        7 9 1        8 4 5        6 9 8
  + 2 4 6      + 3 0 9      + 5 9 2      + 4 3 4
```

b) ... zwischen 1 800 und 2 000 liegen.

```
  1 2 2 7        5 1 6          5 8 2      1 3 8 0
+     7 5 6    + 1 1 7 5    + 1 2 7 8    +   6 1 9
```

③ Schriftlich oder im Kopf?

1 240 + 410 = _____   1 876 – 498 = _____

1 493 + 388 = _____   2 000 – 985 = _____

Die Hälfte schaff
ich im Kopf!

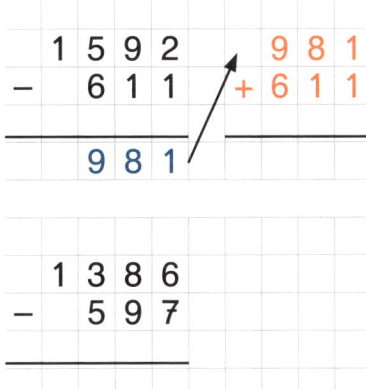

4 **Rechne die Aufgabe und die Umkehraufgabe.**

```
  1 5 9 2        9 8 1          1 9 3 7
-   6 1 1      + 6 1 1        - 1 2 7 5
-----------    ---------      -----------
    9 8 1
```

```
  1 3 8 6                      1 8 4 5
-   5 9 7                    -   9 8 8
-----------                   -----------
```

5 **Rechne jeweils nur die drei Aufgaben, deren Ergebnisse ...**

a) ... zwischen 800 und 900 liegen.

```
  1 5 0 7      1 2 5 3        1 9 4 1      1 1 7 4
-   6 7 3    -   3 6 8      -   8 9 5    -   2 8 7
-----------  -----------    -----------  -----------
```

b) ... zwischen 900 und 1 000 liegen.

```
  1 6 8 9      1 4 3 7        1 7 2 6      1 3 5 8
-   6 9 4    -   5 2 5      -   9 8 8    -   4 2 5
-----------  -----------    -----------  -----------
```

6 **Kleine Knobelei: Ergänze.**

```
    8   6          5            9   3            2
+   0          +   5 4      -   8          -   8   9
1 1 1              1 1
-----------    -----------    -----------    -----------
    6 0 1      1 8 3 2            1 5 8          6 7 7
```

21

1 Welche Insekten sind achsensymmetrisch?
Zeichne nur bei ihnen die Symmetrieachse ein.

2 Im Spiegelbild haben sich 7 Fehler eingeschlichen.
Kreise sie ein.

3 Finde das Spiegelbild. Kreuze es an.

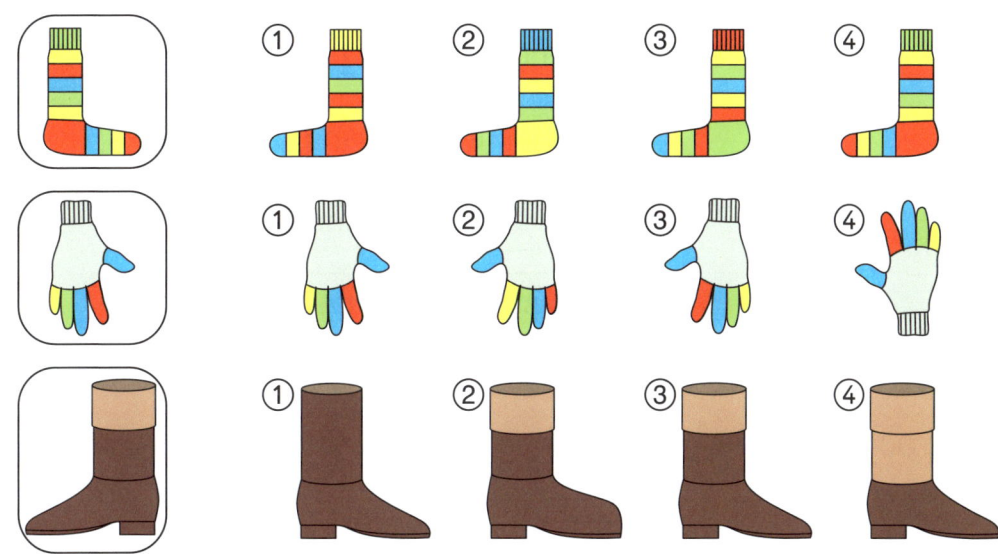

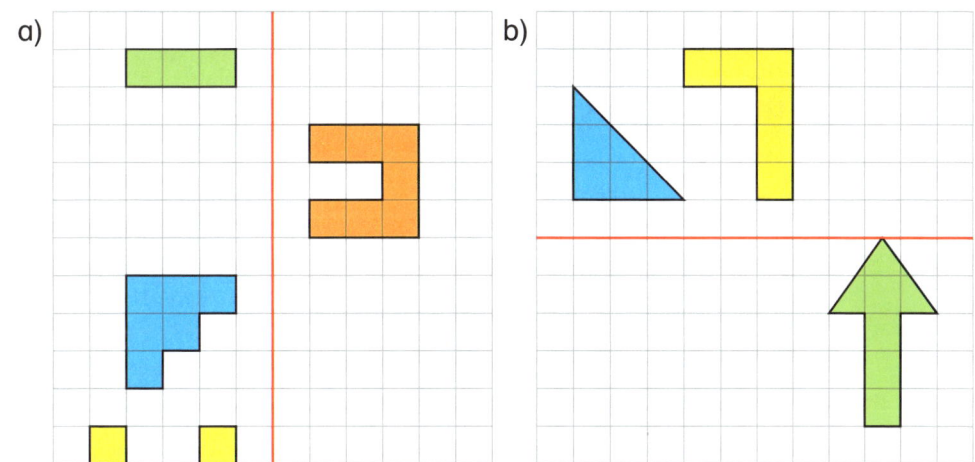

4 Spiegle die Figuren an der roten Achse.

a)

b)

5 Zeichne alle Symmetrieachsen ein.

1 **Verbinde Zahl und Zahlwort.**

84 000

zweihundertdreitausend

20 300

vierundachtzigtausend

zwanzigtausenddreihundert

203 000

8 400

achttausendvierhundert

dreiundzwanzigtausend

23 000

achthundertvierzigtausend

2 300 000

achthundertviertausend

804 000

zwei Millionen dreihunderttausend

840 000

2 **Zerlege und schreibe in die Stellenwerttafel.**

M	HT	ZT	T	H	Z	E		
		2	0	3	0	0	=	20 300
							=	23 000
							=	203 000
							=	2 300 000
							=	8 400
							=	84 000
							=	804 000
							=	840 000

20 000 + 300 = _____

_____

_____

_____

_____

_____

_____

3 **Zerlege die Zahlen.**

123 406 = 100 000 + 20 000 + _____

907 654 = _____

230 804 = _____

327 036 = _____

970 021 = _____

379 046 = _____

307 970 = _____

Denke an die
Stellenwerttafel!

4 **Schreibe die Zahlen.**

2 HT + 3 ZT + 4 H + 7 Z + 3 E =

7 HT + 8 ZT + 5 H + 2 Z + 8 E =

5 ZT + 3 T + 6 H + 4 Z + 1 E =

2 M + 4 HT + 5 Z + 7 E =

6 HT + 5 T + 8 H + 1 Z + 3 E =

9 HT + 9 ZT + 9 H + 9 Z + 9 E =

3 ZT + 5 T + 7 H + 8 Z + 5 E =

Die Aufgaben gehen rechts weiter.

1 **Trage alle ZT-Zahlen ein.**

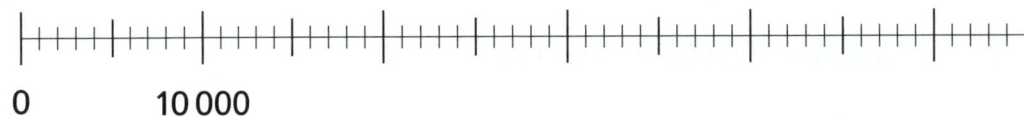

0   10 000

2 **Trage alle Zahlen mit 5 Tausendern ein.**

| 5 000 | | | | |

0   10 000   20 000   30 000   40 000   50 000

3 **Verbinde die Zahlen mit dem Zahlenstrahl.**

| 6 000 | 19 000 | 23 000 | 33 000 | 44 000 |

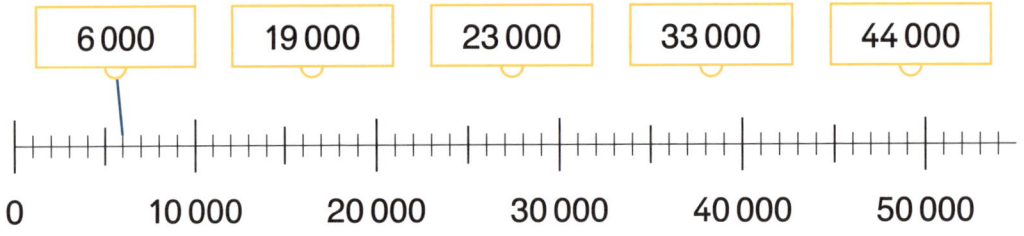

0   10 000   20 000   30 000   40 000   50 000

4 **Zähle in 8 000er-Schritten vorwärts …**

a)   8 000, 16 000, _____ , _____ , _____ , _____

c) 51 000, 59 000, _____ , _____ , _____ , _____

e) 75 000, 83 000, _____ , _____ , _____ , _____

g) 30 000, 38 000, _____ , _____ , _____ , _____

60 000

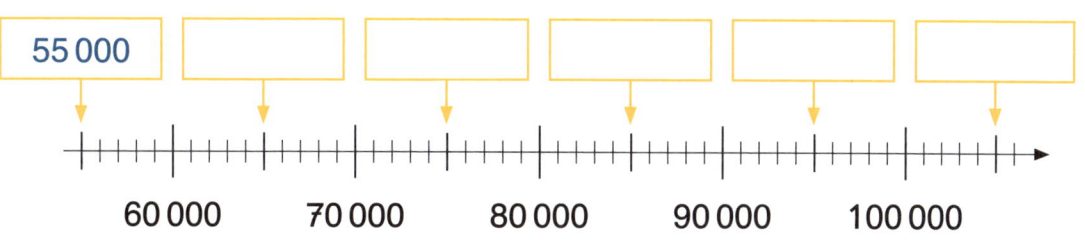

| 55 000 | | | | | |

60 000 70 000 80 000 90 000 100 000

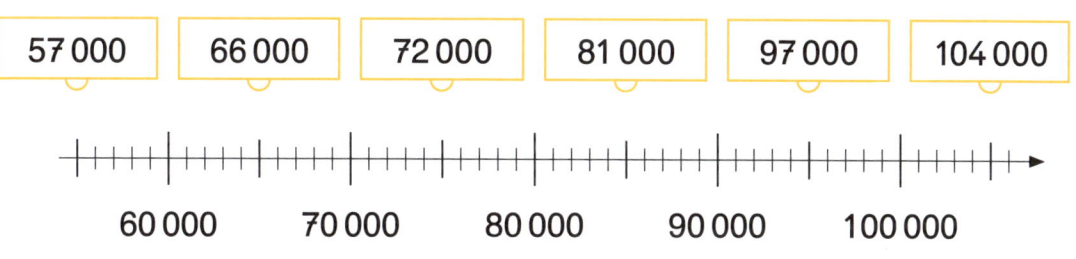

| 57 000 | 66 000 | 72 000 | 81 000 | 97 000 | 104 000 |

60 000 70 000 80 000 90 000 100 000

... und rückwärts.

b) 78 000, 70 000, _____, _____, _____, _____

d) 50 000, 42 000, _____, _____, _____, _____

f) 97 000, 89 000, _____, _____, _____, _____

h) 64 000, 56 000, _____, _____, _____, _____

1 Nachbarzahlen

Vorgänger	Zahl	Nachfolger	Vorgänger	Zahl	Nachfolger
	43 641			65 109	
	76 365			35 278	
	91 473			28 736	
	55 398			46 285	

2 Nachbarhunderter

Zwischen welchen Hundertern stehen die Zahlen?

43 600   43 641   43 700   _____ 65 109 _____

_____ 76 365 _____   _____ 35 278 _____

_____ 91 473 _____   _____ 28 736 _____

_____ 55 398 _____   _____ 46 285 _____

3 Nachbartausender

Zwischen welchen Tausendern stehen die Zahlen?

43 000   43 641   44 000   _____ 65 109 _____

_____ 76 365 _____   _____ 35 278 _____

_____ 91 473 _____   _____ 28 736 _____

_____ 55 398 _____   _____ 46 285 _____

Setze die Muster fort.

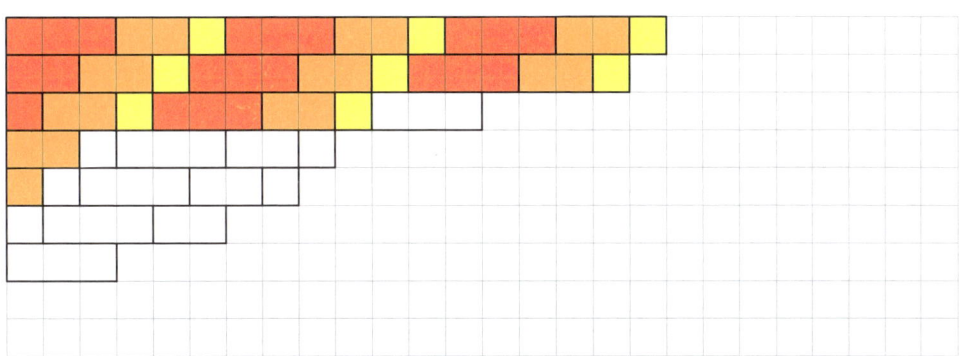

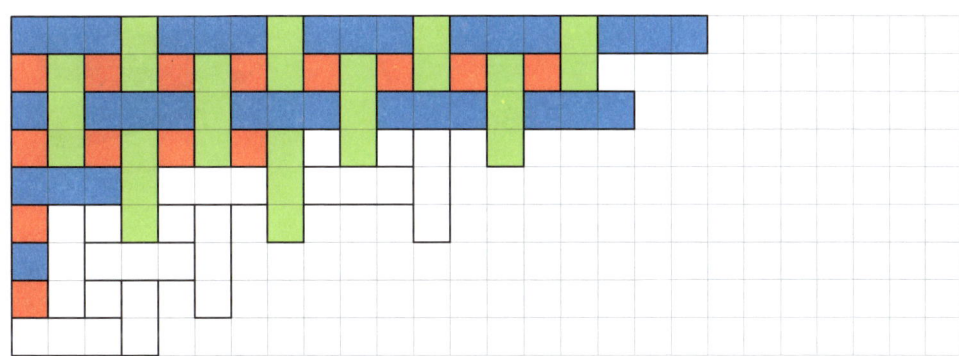

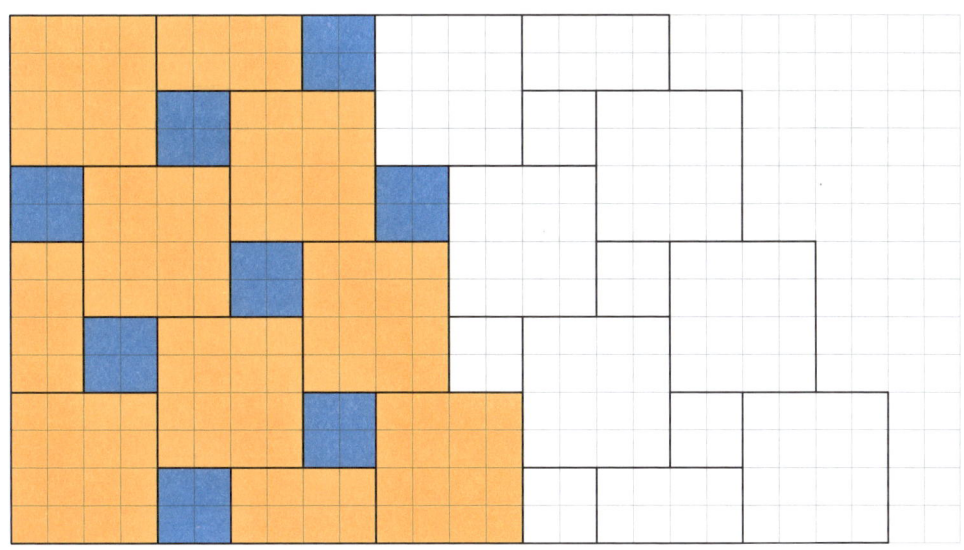

1

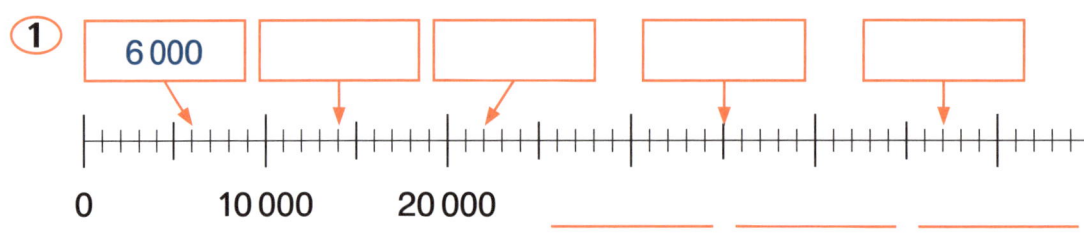

| 6 000 | | | | |

```
0        10 000    20 000    ____ ____ ____
```

2 **In Zehnerschritten vorwärts**

32 438	43 544
32 448	_____
_____	_____
_____	_____
32 478	43 584

Welche Stelle ändert sich? Kennzeichne sie mit einem Punkt.

3 **In Hunderterschritten vorwärts**

32 438	43 544	81 652
32 538	_____	_____
_____	_____	_____
_____	_____	_____
32 838	43 944	82 052

4 **In Tausenderschritten vorwärts**

32 438	43 544	81 652
33 438	_____	_____
_____	_____	_____
_____	_____	_____
36 438	47 544	85 652

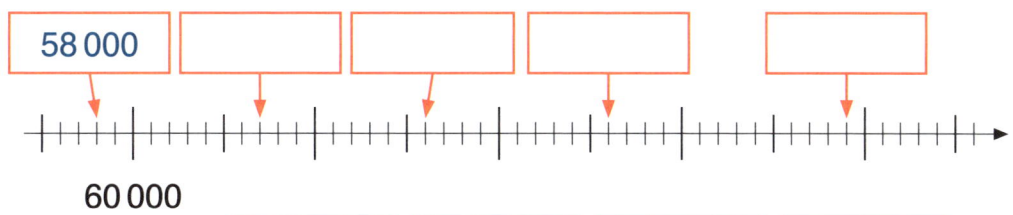

58 000 | | | |

60 000 _____ _____ _____ _____

5 In Zehnerschritten rückwärts

59 468
59 458

_____

_____

59 428

67 573

_____

_____

_____

67 533

98 647

_____

_____

_____

98 607

6 In Hunderterschritten rückwärts

59 468
59 368

_____

_____

59 068

67 573

_____

_____

_____

67 173

98 647

_____

_____

_____

98 247

7 In Tausenderschritten rückwärts

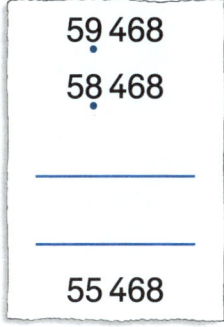

59 468
58 468

_____

_____

55 468

67 573

_____

_____

_____

63 573

98 647

_____

_____

_____

94 647

31

Die Aufgaben gehen rechts weiter.

1 **Trage alle HT-Zahlen ein.**

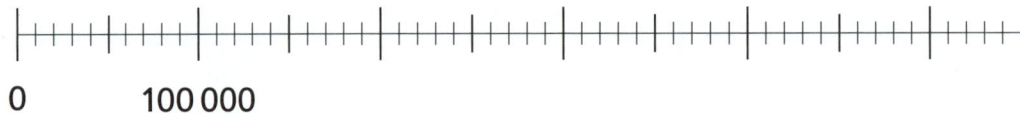

0   100 000

2 **Trage alle Zahlen mit 5 ZT ein.**

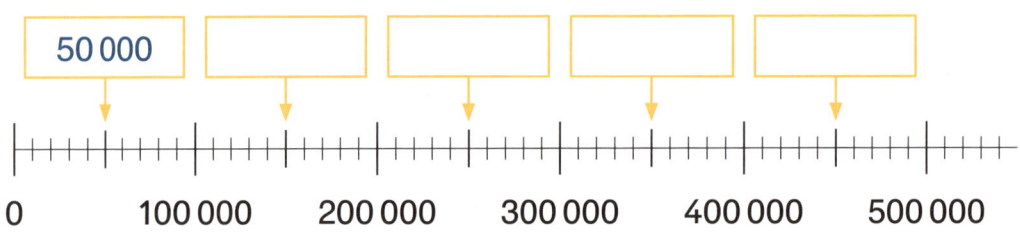

| 50 000 | | | | |

0   100 000   200 000   300 000   400 000   500 000

3 **Verbinde die Zahlen mit dem Zahlenstrahl.**

| 70 000 | 140 000 | 290 000 | 330 000 | 420 000 |

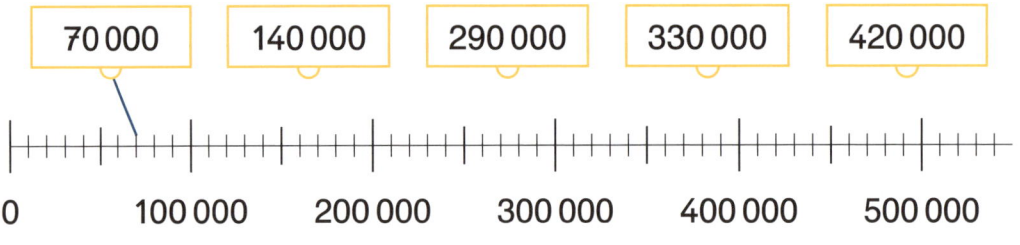

0   100 000   200 000   300 000   400 000   500 000

4 **Zähle in 40 000er-Schritten vorwärts …**

a)   80 000, 120 000, _____ , _____ , _____ , _____

c) 510 000, 550 000, _____ , _____ , _____ , _____

e) 690 000, 730 000, _____ , _____ , _____ , _____

g) 330 000, 370 000, _____ , _____ , _____ , _____

Lösungen Mathe-Stars 4 Grundwissen
(zum Heraustrennen die mittlere Klammer lösen)

Kleines Einmaleins (1)

Das kannst du jetzt im Schlaf!

1 Rechne.

·	3	6	9
2	6	12	18
4	12	24	36
8	24	48	72

·	2	4	8
2	4	8	16
4	8	16	32
8	16	32	64

·	5	0	7
2	10	0	14
4	20	0	28
8	40	0	56

·	3	6	9
3	9	18	27
6	18	36	54
9	27	54	81

·	5	10	7
3	15	30	21
6	30	60	42
9	45	90	63

·	5	10	7
5	25	50	35
0	0	0	0
7	35	70	49

2 Finde zu jeder Ergebniszahl passende Malaufgaben.

20
2 · 10, 10 · 2
4 · 5, 5 · 4

12
2 · 6, 6 · 2
3 · 4, 4 · 3

36
6 · 6
4 · 9, 9 · 4

24
3 · 8, 8 · 3
4 · 6, 6 · 4

3 Kleine Knobelei

Meine Zahl ist eine Quadratzahl und liegt zwischen 35 und 42.
36

Meine Zahl ist das Doppelte von 4 · 8.
64

4 Zwei Zahlen in jedem Kästchen passen nicht. Streiche sie durch.

· 8: 40, 22, 16, 72, 34, 56
· 9: 35, 27, 54, 64, 81, 72
· 3: 18, 12, 24, 26, 27, 15

5 3 Zahlen – 4 Aufgaben

8 7 56
8 · 7 = 56
7 · 8 = 56
56 : 8 = 7
56 : 7 = 8

8 · 7 = 56
7 · 8 = …
56 : 8 = …
56 : 7 = …

Na klar …

3 9 27
3 · 9 = 27
9 · 3 = 27
27 : 3 = 9
27 : 9 = 3

6 5 30
6 · 5 = 30
5 · 6 = 30
30 : 6 = 5
30 : 5 = 6

9 4 36
9 · 4 = 36
4 · 9 = 36
36 : 9 = 4
36 : 4 = 9

7 6 42
7 · 6 = 42
6 · 7 = 42
42 : 7 = 6
42 : 6 = 7

6 Kleine Knobelei

Wenn ich 60 halbiere und das Ergebnis durch 6 teile, erhalte ich 5.
☒ richtig ☐ falsch

Wenn ich 35 verdopple und das Ergebnis durch 7 teile, erhalte ich 12.
☐ richtig ☒ falsch

2

3

Kleines Einmaleins (2)

Achtung: Oft bleibt ein Rest!

1 Teilen

12 : 3 = 4
13 : 3 = 4 R 1
14 : 3 = 4 R 2

16 : 4 = 4
17 : 4 = 4 R 1
19 : 4 = 4 R 3

20 : 5 = 4
22 : 5 = 4 R 2
24 : 5 = 4 R 4

42 : 6 = 7
43 : 6 = 7 R 1
45 : 6 = 7 R 3
46 : 6 = 7 R 4
47 : 6 = 7 R 5

56 : 7 = 8
57 : 7 = 8 R 1
59 : 7 = 8 R 3
60 : 7 = 8 R 4
62 : 7 = 8 R 6

72 : 8 = 9
74 : 8 = 9 R 2
75 : 8 = 9 R 3
77 : 8 = 9 R 5
78 : 8 = 9 R 6

2 Kleine Knobelei

Meine Zahl gehört zum 4er- und zum 9er-Einmaleins. Sie liegt zwischen 30 und 40.
Wie heißt die Zahl? **36**

Meine Zahl liegt zwischen 50 und 60. Sie lässt sich durch 7 und durch 8 teilen.
Wie heißt die Zahl? **56**

Meine Zahl gehört zum 4er- und zum 3er-Einmaleins. Sie liegt zwischen 20 und 30.
Wie heißt die Zahl? **24**

Meine Zahl gehört **nur** zur 7er-Reihe. Sie ist größer als 40 und kleiner als 50.
Wie heißt die Zahl? **49**

Genau schauen (1)

1 Wie viele Verkehrsmittel erkennst du? 10
Färbe den Bus, das Motorrad und den Hubschrauber.

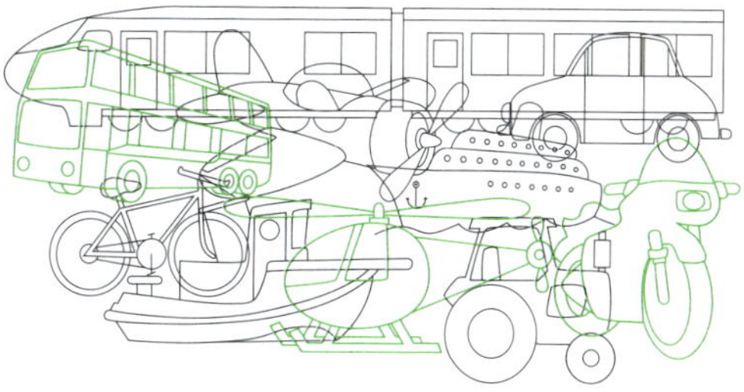

2 Original und Spiegelbild: Kreise rechts die 6 Fehler ein.

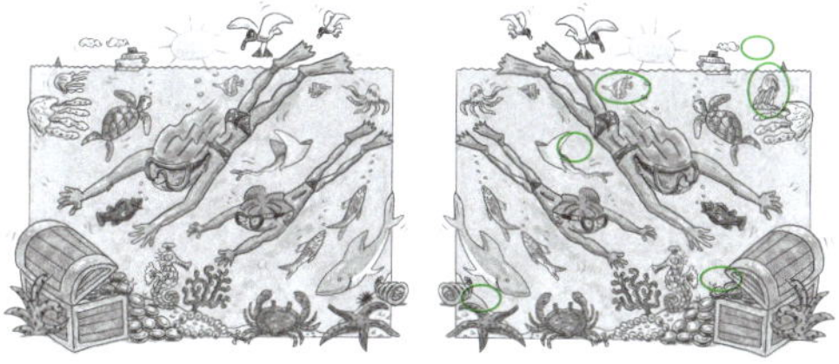

4

5

10 Hunderterplatten sind 1 Tausenderwürfel.

1 Wie heißen die Zahlen?

T	H	Z	E	
1	0	0	0	= 1 000

T	H	Z	E	
2	0	0	0	= 2 000

T	H	Z	E	
1	3	0	0	= 1 300

T	H	Z	E	
1	6	0	0	= 1 600

T	H	Z	E	
1	2	4	0	= 1 240

T	H	Z	E	
1	5	7	0	= 1 570

T	H	Z	E	
1	1	8	3	= 1 183

T	H	Z	E	
1	4	5	5	= 1 455

T	H	Z	E	
1	0	5	7	= 1 057

T	H	Z	E	
1	3	0	9	= 1 309

6

---

2 Zerlege, zeichne, schreibe.

a)

	T	H	Z	E	
1 000 + 300 + 30 + 3 =					= 1 333
1 000 + 400 + 30 + 2 =					= 1 432
1 000 + 500 + 40 + 4 =					= 1 544
1 000 + 600 + 2 =					= 1 602

b)

	T	H	Z	E	
1 000 + 200 + 70 + 4 =					= 1 274
1 000 + 40 + 3 =					= 1 043
1 000 + 400 + 60 + 5 =					= 1 465
1 000 + 200 + 30 + 4 =					= 1 234

c)

	T	H	Z	E	
1 000 + 500 + 60 + 9 =					= 1 569
1 000 + 200 + 4 =					= 1 204
1 000 + 70 + 3 =					= 1 073
900 + 20 + 7 =					= 927

7

---

1 Ordne der Größe nach. Beginne mit der kleinsten Zahl.

1 534 1 843 798 1 438 1 354 978 1 798

798 978 1 354 1 438 1 534 1 798 1 843

625 1 879 998 1 534 1 128 1 347 1 798

625 998 1 128 1 347 1 534 1 798 1 879

2 Nachbarzahlen

Vorgänger	Zahl	Nachfolger	Vorgänger	Zahl	Nachfolger
1 568	1 569	1 570	1 074	1 075	1 076
1 323	1 324	1 325	1 103	1 104	1 105
1 695	1 696	1 697	1 508	1 509	1 510

3 Nachbarhunderter

Zwischen welchen Hundertern stehen die Zahlen?

200	260	300	1 500	1 571	1 600
600	620	700	1 300	1 314	1 400
1 600	1 620	1 700	1 600	1 682	1 700

4 Vergleiche. < > =

1 928	>	1 829	1 672	<	1 726	1 982	=	1 982
573	<	735	1 242	>	1 111	1 584	>	1 485
1 846	>	1 648	1 657	>	1 567	1 689	<	1 986

8

---

5 Wie heißen die Zahlen? Trage ein.

a)

560 670 790 910 1 020 1 150

500 600 700 800 900 1 000 1 100

b)

1 260 1 370 1 480 1 610 1 730 1 840

1 200 1 300 1 400 1 500 1 600 1 700 1 800

6 Setze die Zahlenreihen fort.

a) 1 200, 1 210, 1 220, 1 230, 1 240, 1 250, 1 260, 1 270

b) 1 100, 1 200, 1 300, 1 400, 1 500, 1 600, 1 700, 1 800

c) 1 900, 1 880, 1 860, 1 840, 1 820, 1 800, 1 780, 1 760

d) 1 750, 1 700, 1 650, 1 600, 1 550, 1 500, 1 450, 1 400

7 Kleine Knobelei

Meine Zahl liegt zwischen 1 350 und 1 400, sie hat 8 Zehner und halb so viele Einer.

Wie heißt die Zahl? 1 384

Meine Zahl hat 1 Tausender, 4 Hunderter, doppelt so viele Zehner und halb so viele Einer wie Hunderter.

Wie heißt die Zahl? 1 482

9

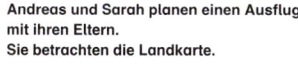

Andreas und Sarah planen einen Ausflug
mit ihren Eltern.
Sie betrachten die Landkarte.

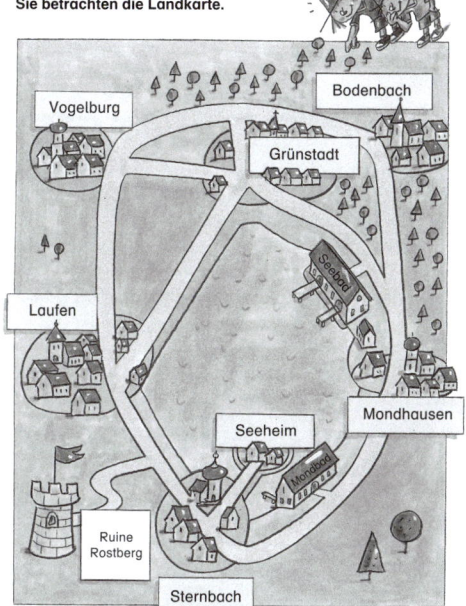

Kreuze an, ob folgende Aussagen richtig oder falsch sind.

	richtig	falsch
Wenn ich von Mondhausen nach Grünstadt fahre, ist auf der linken Seite der See.	☒	☐
Wenn ich von Bodenbach zur Ruine Rostberg möchte, muss ich immer über Sternbach fahren.	☐	☒
Auf dem Weg von Grünstadt nach Mondhausen habe ich auf der linken Seite Wald und rechts den See.	☒	☐
Von Laufen kann ich direkt oder über Vogelburg nach Grünstadt fahren.	☒	☐
Wenn ich von Sternbach über Laufen nach Grünstadt fahre, muss ich an der Weggabelung die rechte Straße nehmen.	☒	☐
Aus Sternbach führen 3 Straßen heraus.	☒	☐
Laufen liegt etwa in der Mitte zwischen Sternbach und Grünstadt.	☒	☐
Wenn ich von Vogelburg nach Bodenbach fahre und etwa in der Mitte des Weges links abbiege, gelange ich nach Grünstadt.	☐	☒
Von Mondhausen nach Vogelburg kann ich nur über Bodenbach fahren.	☐	☒
Wenn ich nach Seeheim gehen will, gibt es nur die eine Straße über Sternbach.	☒	☐
Auf dem Weg von Vogelburg nach Sternbach komme ich immer an zwei Bädern vorbei.	☐	☒

10

11

Kopfrechnen bis 2 000 (1)

① Ergänze.

a)

100	
70	30
40	60
20	80
80	20

200	
70	130
40	160
20	180
80	120

b)

1 000	
700	300
400	600
200	800
800	200

2 000	
700	1 300
400	1 600
200	1 800
800	1 200

③ Ergänze.

Rechnen bis 2 000 –
ich kann's!

a)

100	
10	90
50	50
70	30
40	60

200	
110	90
150	50
170	30
140	60

b)

1 000	
100	900
500	500
700	300
400	600

2 000	
1 100	900
1 500	500
1 700	300
1 400	600

② Von kleineren zu größeren Aufgaben

a) 50 + 20 = 70
150 + 20 = 170
157 + 20 = 177
500 + 200 = 700
1 500 + 200 = 1 700
1 570 + 200 = 1 770

b) 30 + 60 = 90
130 + 60 = 190
139 + 60 = 199
300 + 600 = 900
1 300 + 600 = 1 900
1 390 + 600 = 1 990

c) 70 + 20 = 90
170 + 20 = 190
178 + 20 = 198
700 + 200 = 900
1 700 + 200 = 1 900
1 780 + 200 = 1 980

d) 40 + 50 = 90
140 + 50 = 190
145 + 50 = 195
400 + 500 = 900
1 400 + 500 = 1 900
1 450 + 500 = 1 950

④ Von kleineren zu größeren Aufgaben

a) 70 − 50 = 20
170 − 50 = 120
174 − 50 = 124
700 − 500 = 200
1 700 − 500 = 1 200
1 740 − 500 = 1 240

b) 90 − 60 = 30
190 − 60 = 130
199 − 60 = 139
900 − 600 = 300
1 900 − 600 = 1 300
1 990 − 600 = 1 390

c) 60 − 40 = 20
160 − 40 = 120
163 − 40 = 123
600 − 400 = 200
1 600 − 400 = 1 200
1 630 − 400 = 1 230

d) 80 − 70 = 10
180 − 70 = 110
188 − 70 = 118
800 − 700 = 100
1 800 − 700 = 1 100
1 880 − 700 = 1 180

12

13

① **Welche Stelle ändert sich? Kennzeichne sie mit einem Punkt. Rechne.**

Wenn ich die 5 Hunderter dazugebe, dann ändert sich die H-Stelle.

Wenn ich die 5 Zehner dazugebe, dann ändert sich die Z-Stelle. Wenn ich die 5 E …

… und wenn ich H und Z und …

1 4̣13 + 500 = 1 913
1 4̣13 + 50 = 1 463
1 413 +   5 = 1 418
1 4̣13 + 550 = 1 963

a)
1 2̣05 + 20 = 1 225
1 2̣05 + 200 = 1 405
1 205 +   2 = 1 207

1 2̣05 + 220 = 1 425
1 2̣05 + 202 = 1 407
1 2̣05 + 222 = 1 427

5̣43 + 400 = 943
5̣43 +   4 = 547
5̣43 + 40 = 583

5̣43 + 440 = 983
5̣43 + 404 = 947
5̣43 + 444 = 987

b)
1 7̣68 −   5 = 1 763
1 7̣68 − 500 = 1 268
1 7̣68 − 50 = 1 718

1 7̣68 − 550 = 1 218
1 7̣68 − 505 = 1 263
1 7̣68 − 555 = 1 213

9̣86 − 30 = 956
9̣86 − 300 = 686
9̣86 −   3 = 983

9̣86 − 330 = 656
9̣86 − 303 = 683
9̣86 − 333 = 653

14

---

② **Von leichten zu schwierigeren Aufgaben**

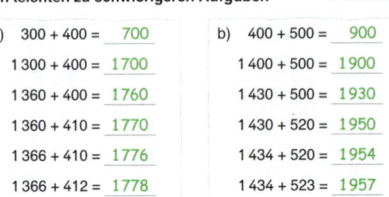

Achte wieder auf die Stellen!

a)
300 + 400 = 700
1 300 + 400 = 1 700
1 360 + 400 = 1 760
1 360 + 410 = 1 770
1 366 + 410 = 1 776
1 366 + 412 = 1 778

b)
400 + 500 = 900
1 400 + 500 = 1 900
1 430 + 500 = 1 930
1 430 + 520 = 1 950
1 434 + 520 = 1 954
1 434 + 523 = 1 957

c)
500 − 100 = 400
1 500 − 100 = 1 400
1 580 − 100 = 1 480
1 580 − 160 = 1 420
1 584 − 160 = 1 424
1 584 − 163 = 1 421

d)
900 − 300 = 600
1 900 − 300 = 1 600
1 940 − 300 = 1 640
1 940 − 330 = 1 610
1 949 − 330 = 1 619
1 949 − 336 = 1 613

Kopfrechnen bis 2 000: Jetzt bin ich fit!

③

+	200	20	2	−	400	40	4
1 450	1 650	1 470	1 452	1 985	1 585	1 945	1 981
1 550	1 750	1 570	1 552	1 885	1 485	1 845	1 881
1 650	1 850	1 670	1 652	1 785	1 385	1 745	1 781
1 750	1 950	1 770	1 752	1 685	1 285	1 645	1 681

15

Rechenwege +

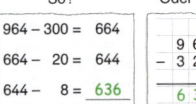

① **Wie rechnest du?** 546 + 387 = 933

So?
546 + 300 = 846
846 + 80 = 926
926 +   7 = 933

Oder so?
```
  5 4 6
+ 3 8 7
  1 1
  9 3 3
```

Oder so?
+ 300   + 80   + 7
546 846 926 933

Rechne auf deinem Weg.

635 + 219 = 854   1 837 + 159 = 1 996

458 + 376 = 834   1 504 + 248 = 1 752

392 + 268 = 660   1 145 + 327 = 1 472

② **Diese Aufgaben kannst du jetzt auf einen Blick lösen.**

Ja klar, das sind doch alles Verwandte der Aufgaben von ①.

1 635 + 219 = 1 854   837 + 159 = 996
1 458 + 376 = 1 834   504 + 248 = 752
1 392 + 268 = 1 660   145 + 327 = 472

16

Rechenwege −

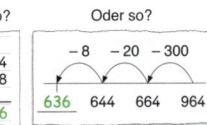

① **Wie rechnest du?** 964 − 328 = 636

So?
964 − 300 = 664
664 − 20 = 644
644 −   8 = 636

Oder so?
```
  9 6 4
− 3 2 8
  6 3 6
```

Oder so?
− 8   − 20   − 300
636 644 664 964

Rechne auf deinem Weg.

892 − 454 = 438   1 766 − 279 = 1 487

659 − 386 = 273   1 343 − 168 = 1 175

786 − 529 = 257   1 854 − 637 = 1 217

② **Diese Aufgaben kannst du jetzt auf einen Blick lösen.**

Ich suche oben die verwandte Aufgabe.

1 892 − 454 = 1 438   766 − 279 = 487
1 659 − 386 = 1 273   343 − 168 = 175
1 786 − 529 = 1 257   854 − 637 = 217

17

① Kreise zuerst ein, rechne dann.

ein Übertrag zwei Überträge drei Überträge

```
blau          rot           grün          blau
  5 4 7        1 4 9 6        7 0 8          8 2
+ 3 5 6      +   7 4 5      + 2 6 4      + 1 1 6 3
  1 1            1 1 1          1 1           1 2
  9 0 3        2 2 4 1        9 7 2        2 1 1 9
```

② Rechne jeweils nur die drei Aufgaben mit …

a) … zwei Überträgen.

```
  4 5 9      1 5 3 7      1 4 7 8        3 7 5
+ 3 7 6    +   8 5 5    +   6 2 1        5 3 6
  1 1          1 1                     +   4 9
  8 3 5      2 3 9 2                      1 2
                                         9 6 0
```

b) … drei Überträgen.

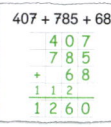

```
  7 6 7      9 4 4      1 5 9 4        9 8
+ 5 6 3    + 1 0 6 5  +   4 0 6      8 5 4
  1 1 1                  1 1 1      + 6 2 7
1 3 3 0                2 0 0 0        1 1 1
                       1 5 7 9      1 5 7 9
```

③ Schreibe untereinander und rechne.

```
1 248 + 539 + 94     407 + 785 + 68     1 637 + 59 + 196
    1 2 4 8              4 0 7              1 6 3 7
      5 3 9              7 8 5                  5 9
+        9 4        +      6 8        +       1 9 6
      1 2              1 1 2                  1 2
    1 8 8 1            1 2 6 0              1 8 9 2
```

18

---

④ Kreise zuerst ein, rechne dann.

einmal wechseln zweimal wechseln nicht wechseln

```
grün          rot           blau          grün
  5 1 9        1 4 2 5        9 8 6        1 8 0 6
- 3 4 7      -   2 4 9      - 5 7 3      -   6 5 4
                               1 2
  1 7 2        1 1 7 6        4 1 3        1 1 5 2
```

⑤ Rechne jeweils nur die drei Aufgaben, bei denen du …

a) … einmal wechseln musst.

```
  8 4 9      1 6 4 4        9 7 8      1 8 9 6
- 5 8 3    -   3 3 9      - 4 8 6    -   7 4 2

  2 6 6      1 3 0 5        4 9 2
```

b) … zweimal wechseln musst.

```
1 6 7 0        9 2 4      1 7 6 8      1 6 3 5
-   5 9 1    - 7 9 6    -   5 7 4    -   3 4 6

1 0 7 9        1 2 8                  1 2 8 9
```

⑥ Schreibe untereinander und rechne.

```
1 209 – 846     936 – 683     1 045 – 759     1 827 – 98
  1 2 0 9         9 3 6        1 0 4 5        1 8 2 7
-   8 4 6       - 6 8 3      -   7 5 9      -     9 8

    3 6 3         2 5 3          2 8 6        1 7 2 9
```

19

Die Umkehraufgaben von Plusrechnungen sind …

① Rechne die Aufgabe und die Umkehraufgabe.

```
    7 5 8      1 8 2 7      1 2 7 4      1 9 2 2
+ 1 0 6 9    - 1 0 6 9    +   6 4 8    -   6 4 8
  1 1                        1 1            1
1 8 2 7          7 5 8      1 9 2 2      1 2 7 4
```

```
  8 9 3      1 7 3 2      1 3 2 9      1 4 2 2
+ 8 3 9    -   8 3 9    +     9 3    -     9 3
  1 1 1                    1 1            1
1 7 3 2          8 9 3      1 4 2 2      1 3 2 9
```

② Rechne jeweils nur die drei Aufgaben, deren Ergebnisse …

a) … zwischen 1 000 und 1 200 liegen.

```
  9 2 8      7 9 1      8 4 5      6 9 8
+ 2 4 6    + 3 0 9    + 5 9 2    + 4 3 4
  1 1        1 1 1                  1 1 1
1 1 7 4    1 1 0 0               1 1 3 2
```

b) … zwischen 1 800 und 2 000 liegen.

```
1 2 2 7        5 1 6        5 8 2      1 3 8 0
+   7 5 6    + 1 1 7 5    + 1 2 7 8    +   6 1 9
    1              1          1 1
  1 9 8 3                   1 8 6 0      1 9 9 9
```

③ Schriftlich oder im Kopf?

1 240 + 410 = __1650__   1 876 – 498 = __1378__

1 493 + 388 = __1881__   2 000 – 985 = __1015__

Die Hälfte schaff ich im Kopf!

20

… und die Umkehraufgaben von Minusrechnungen sind …

④ Rechne die Aufgabe und die Umkehraufgabe.

```
1 5 9 2        9 8 1      1 9 3 7        6 6 2
-   6 1 1    + 6 1 1      - 1 2 7 5    + 1 2 7 5
                 1                          1
  9 8 1      1 5 9 2          6 6 2      1 9 3 7
```

```
1 3 8 6        7 8 9      1 8 4 5        8 5 7
-   5 9 7    + 5 9 7      -   9 8 8    +   9 8 8
               1 1 1                      1 1 1
    7 8 9    1 3 8 6          8 5 7      1 8 4 5
```

⑤ Rechne jeweils nur die drei Aufgaben, deren Ergebnisse …

a) … zwischen 800 und 900 liegen.

```
1 5 0 7      1 2 5 3      1 9 4 1      1 1 7 4
-   6 7 3    -   3 6 8    -   8 9 5    -   2 8 7

    8 3 4        8 8 5                    8 8 7
```

b) … zwischen 900 und 1 000 liegen.

```
1 6 8 9      1 4 3 7      1 7 2 6      1 3 5 8
-   6 9 4    -   5 2 5    -   9 8 8    -   4 2 5

    9 9 5        9 1 2                    9 3 3
```

⑥ Kleine Knobelei: Ergänze.

```
  8 9 6      1 2 5 8      9 4 3      1 5 2 6
+ 7 0 5    +   5 7 4    - 7 8 5    -   8 4 9
  1 1            1 1
1 6 0 1      1 8 3 2      1 5 8        6 7 7
```

21

① Welche Insekten sind achsensymmetrisch?
Zeichne nur bei ihnen die Symmetrieachse ein.

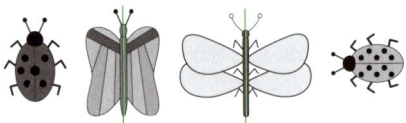

② Im Spiegelbild haben sich 7 Fehler eingeschlichen.
Kreise sie ein.

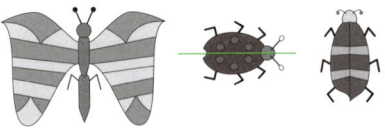

③ Finde das Spiegelbild. Kreuze es an.

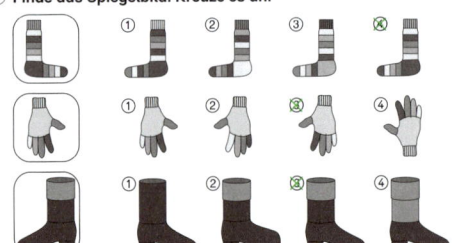

④ Spiegle die Figuren an der roten Achse.

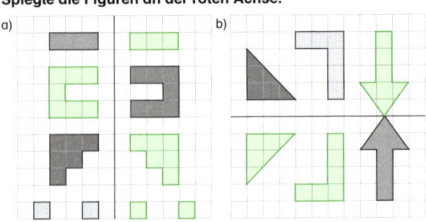

a)   b)

⑤ Zeichne alle Symmetrieachsen ein.

---

① Verbinde Zahl und Zahlwort.

84 000   zweihundertdreitausend   20 300
                  vierundachtzigtausend
203 000   zwanzigtausenddreihundert   8 400
                  achttausendvierhundert
                  dreiundzwanzigtausend
23 000   achthundertvierzigtausend   2 300 000
                  achthundertviertausend
804 000   zwei Millionen dreihunderttausend   840 000

② Zerlege und schreibe in die Stellenwerttafel.

	M	HT	ZT	T	H	Z	E		
20 000 + 300 =			2	0	3	0	0	=	20 300
20 000 + 3 000 =			2	3	0	0	0	=	23 000
200 000 + 3 000 =		2	0	3	0	0	0	=	203 000
2 000 000 + 300 000 =	2	3	0	0	0	0	0	=	2 300 000
8 000 + 400 =				8	4	0	0	=	8 400
80 000 + 4 000 =			8	4	0	0	0	=	84 000
800 000 + 4 000 =		8	0	4	0	0	0	=	804 000
800 000 + 40 000 =		8	4	0	0	0	0	=	840 000

③ Zerlege die Zahlen.

123 406 = 100 000 + 20 000 + 3 000 + 400 + 6
907 654 = 900 000 + 7 000 + 600 + 50 + 4
230 804 = 200 000 + 30 000 + 800 + 4
327 036 = 300 000 + 20 000 + 7 000 + 30 + 6
970 021 = 900 000 + 70 000 + 20 + 1
379 046 = 300 000 + 70 000 + 9 000 + 40 + 6
307 970 = 300 000 + 7 000 + 900 + 70

Denke an die
Stellenwerttafel!

④ Schreibe die Zahlen.

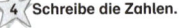

2 HT + 3 ZT + 4 H + 7 Z + 3 E = 230 473
7 HT + 8 ZT + 5 H + 2 Z + 8 E = 780 528
5 ZT + 3 T + 6 H + 4 Z + 1 E = 53 641
2 M + 4 HT + 5 Z + 7 E = 2 400 057
6 HT + 5 T + 8 H + 1 Z + 3 E = 605 813
9 HT + 9 ZT + 9 H + 9 Z + 9 E = 990 999
3 ZT + 5 T + 7 H + 8 Z + 5 E = 35 785

Die Aufgaben gehen rechts weiter.

1 Trage alle ZT-Zahlen ein.

0   10 000   20 000   30 000   40 000   50 000

60 000   70 000   80 000   90 000   100 000

2 Trage alle Zahlen mit 5 Tausendern ein.

| 5 000 | 15 000 | 25 000 | 35 000 | 45 000 |

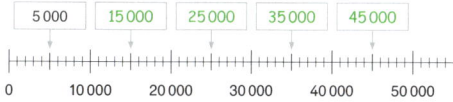

0   10 000   20 000   30 000   40 000   50 000

| 55 000 | 65 000 | 75 000 | 85 000 | 95 000 | 105 000 |

60 000   70 000   80 000   90 000   100 000

3 Verbinde die Zahlen mit dem Zahlenstrahl.

| 6 000 | 19 000 | 23 000 | 33 000 | 44 000 |

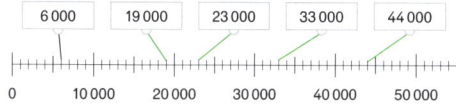

0   10 000   20 000   30 000   40 000   50 000

| 57 000 | 66 000 | 72 000 | 81 000 | 97 000 | 104 000 |

60 000   70 000   80 000   90 000   100 000

4 Zähle in 8 000er-Schritten vorwärts …

  a) 8 000, 16 000, 24 000 , 32 000 , 40 000 , 48 000

  c) 51 000, 59 000, 67 000 , 75 000 , 83 000 , 91 000

  e) 75 000, 83 000, 91 000 , 99 000 , 107 000 , 115 000

  g) 30 000, 38 000, 46 000 , 54 000 , 62 000 , 70 000

… und rückwärts.

  b) 78 000, 70 000, 62 000 , 54 000 , 46 000 , 38 000

  d) 50 000, 42 000, 34 000 , 26 000 , 18 000 , 10 000

  f) 97 000, 89 000, 81 000 , 73 000 , 65 000 , 57 000

  h) 64 000, 56 000, 48 000 , 40 000 , 32 000 , 24 000

---

1 Nachbarzahlen

Vorgänger	Zahl	Nachfolger	Vorgänger	Zahl	Nachfolger
43 640	43 641	43 642	65 108	65 109	65 110
76 364	76 365	76 366	35 277	35 278	35 279
91 472	91 473	91 474	28 735	28 736	28 737
55 397	55 398	55 399	46 284	46 285	46 286

2 Nachbarhunderter

Zwischen welchen Hundertern stehen die Zahlen?

43 600	43 641	43 700	65 100	65 109	65 200
76 300	76 365	76 400	35 200	35 278	35 300
91 400	91 473	91 500	28 700	28 736	28 800
55 300	55 398	55 400	46 200	46 285	46 300

3 Nachbartausender

Zwischen welchen Tausendern stehen die Zahlen?

43 000	43 641	44 000	65 000	65 109	66 000
76 000	76 365	77 000	35 000	35 278	36 000
91 000	91 473	92 000	28 000	28 736	29 000
55 000	55 398	56 000	46 000	46 285	47 000

Setze die Muster fort.

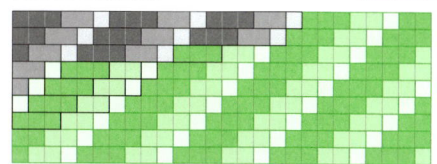

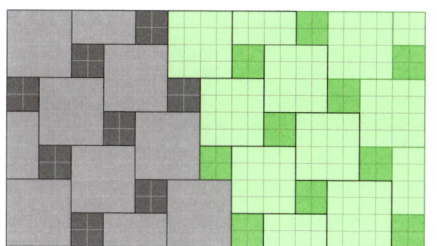

① | 6 000 | 14 000 | 22 000 | 35 000 | 47 000 |

0   10 000   20 000   30 000   40 000   50 000

② In Zehnerschritten vorwärts

Welche Stelle ändert sich? Kennzeichne sie mit einem Punkt.

32 438	43 544
32 448	43 554
32 458	43 564
32 468	43 574
32 478	43 584

③ In Hunderterschritten vorwärts

32 438	43 544	81 652
32 538	43 644	81 752
32 638	43 744	81 852
32 738	43 844	81 952
32 838	43 944	82 052

④ In Tausenderschritten vorwärts

32 438	43 544	81 652
33 438	44 544	82 652
34 438	45 544	83 652
35 438	46 544	84 652
36 438	47 544	85 652

30

| 58 000 | 67 000 | 76 000 | 86 000 | 99 000 |

60 000   70 000   80 000   90 000   100 000

⑤ In Zehnerschritten rückwärts

59 468	67 573	98 647
59 458	67 563	98 637
59 448	67 553	98 627
59 438	67 543	98 617
59 428	67 533	98 607

⑥ In Hunderterschritten rückwärts

59 468	67 573	98 647
59 368	67 473	98 547
59 268	67 373	98 447
59 168	67 273	98 347
59 068	67 173	98 247

⑦ In Tausenderschritten rückwärts

59 468	67 573	98 647
58 468	66 573	97 647
57 468	65 573	96 647
56 468	64 573	95 647
55 468	63 573	94 647

31

Zahlenstrahl bis zur Million

Die Aufgaben gehen rechts weiter.

① Trage alle HT-Zahlen ein.

0   100 000   200 000   300 000   400 000   500 000

② Trage alle Zahlen mit 5 ZT ein.

| 50 000 | 150 000 | 250 000 | 350 000 | 450 000 |

0   100 000   200 000   300 000   400 000   500 000

③ Verbinde die Zahlen mit dem Zahlenstrahl.

| 70 000 | 140 000 | 290 000 | 330 000 | 420 000 |

0   100 000   200 000   300 000   400 000   500 000

④ Zähle in 40 000er-Schritten vorwärts ...

a) 80 000, 120 000, 160 000 , 200 000 , 240 000 , 280 000

c) 510 000, 550 000, 590 000 , 630 000 , 670 000 , 710 000

e) 690 000, 730 000, 770 000 , 810 000 , 850 000 , 890 000

g) 330 000, 370 000, 410 000 , 450 000 , 490 000 , 530 000

32

600 000   700 000   800 000   900 000   1 000 000

| 550 000 | 650 000 | 750 000 | 850 000 | 950 000 | 1 050 000 |

600 000   700 000   800 000   900 000   1 000 000

| 560 000 | 620 000 | 750 000 | 890 000 | 920 000 | 1 010 000 |

600 000   700 000   800 000   900 000   1 000 000

... und rückwärts.

b) 780 000, 740 000, 700 000 , 660 000 , 620 000 , 580 000

d) 500 000, 460 000, 420 000 , 380 000 , 340 000 , 300 000

f) 990 000, 950 000, 910 000 , 870 000 , 830 000 , 790 000

h) 670 000, 630 000, 590 000 , 550 000 , 510 000 , 470 000

33

1 Ordne die Zahlen der Größe nach.

356 700   836 200   428 500   935 200   396 400

| 356 700 | 396 400 | 428 500 | 836 200 | 935 200 |

675 300   657 700   756 300   567 600   776 400

| 567 600 | 657 700 | 675 300 | 756 300 | 776 400 |

2 Nachbarzahlen

a) Welche Zahl steht dazwischen?

Vorgänger	Zahl	Nachfolger	Vorgänger	Zahl	Nachfolger
354 567	354 568	354 569	963 356	963 357	963 358
537 328	537 329	537 330	745 834	745 835	745 836
856 275	856 276	856 277	473 651	473 652	473 653

b) Welche Zahl steht davor und welche dahinter?

Vorgänger	Zahl	Nachfolger	Vorgänger	Zahl	Nachfolger
354 266	354 267	354 268	635 278	635 279	635 280
995 377	995 378	995 379	346 734	346 735	346 736
134 864	134 865	134 866	275 889	275 890	275 891
547 841	547 842	547 843	415 409	415 410	415 411
757 053	757 054	757 055	843 015	843 016	843 017

3 Nachbar-Zehntausender

Zwischen welchen Zehntausendern stehen die Zahlen?

350 000	354 267	360 000	630 000	635 279	640 000
990 000	995 378	1 000 000	340 000	346 735	350 000
130 000	134 865	140 000	270 000	275 890	280 000
540 000	547 842	550 000	410 000	415 410	420 000
750 000	757 054	760 000	840 000	843 016	850 000

4 Nachbar-Hunderttausender

Zwischen welchen Hunderttausendern stehen die Zahlen?

300 000	354 267	400 000	600 000	635 279	700 000
900 000	995 378	1 000 000	300 000	346 735	400 000
100 000	134 865	200 000	200 000	275 890	300 000
500 000	547 842	600 000	400 000	415 410	500 000
700 000	757 054	800 000	800 000	843 016	900 000

5 Vergleiche: < > =

267 485	<	367 485		487 356	>	435 672
829 260	>	529 260		735 624	<	736 712
436 728	>	236 728		587 349	>	587 249

1

| 40 000 | 160 000 | 250 000 | 370 000 | 520 000 |

0   100 000   200 000   300 000   400 000   500 000

| 590 000 | 710 000 | 840 000 | 930 000 | 970 000 |

600 000   700 000   800 000   900 000   1 000 000

2 In Tausenderschritten vorwärts

Welche Stelle ändert sich? Kennzeichne sie mit einem Punkt.

152 392	343 654
153 392	344 654
154 392	345 654
155 392	346 654
156 392	347 654

3 In Zehntausenderschritten vorwärts

152 392	343 654	234 748
162 392	353 654	244 748
172 392	363 654	254 748
182 392	373 654	264 748
192 392	383 654	274 748

4 In Hunderttausenderschritten vorwärts

152 392	343 654	234 748
252 392	443 654	334 748
352 392	543 654	434 748
452 392	643 654	534 748
552 392	743 654	634 748

5 In Tausenderschritten rückwärts

487 385	746 247	974 569
486 385	745 247	973 569
485 385	744 247	972 569
484 385	743 247	971 569
483 385	742 247	970 569

6 In Zehntausenderschritten rückwärts

487 385	746 247	974 569
477 385	736 247	964 569
467 385	726 247	954 569
457 385	716 247	944 569
447 385	706 247	934 569

7 In Hunderttausenderschritten rückwärts

487 385	746 247	974 569
387 385	646 247	874 569
287 385	546 247	774 569
187 385	446 247	674 569
87 385	346 247	574 569

① Färbe jedes Netz in der Farbe des zugehörigen Quaders.

gelb

grün

rot

orange

braun

blau

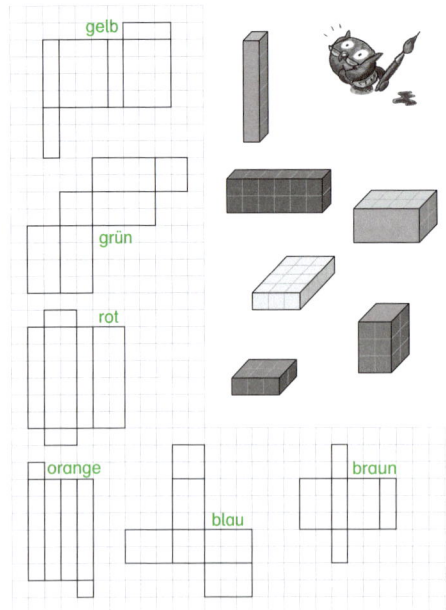

② Streiche die Netze durch, die keine Quader ergeben.

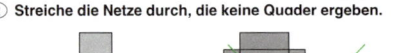

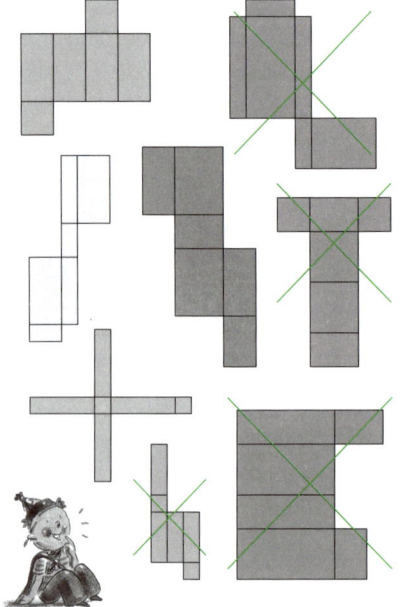

Multiplizieren mit 10 und 100

① Immer · 10

3 · 10 =	30

30 · 10 = 300

300 · 10 = 3 000

3 000 · 10 = 30 000

30 000 · 10 = 300 000

33 000 · 10 = 330 000

8 · 10 =	80

80 · 10 = 800

800 · 10 = 8 000

8 000 · 10 = 80 000

80 000 · 10 = 800 000

88 000 · 10 = 880 000

② Immer · 100

3 · 100 = 300

30 · 100 = 3 000

300 · 100 = 30 000

3 000 · 100 = 300 000

3 300 · 100 = 330 000

3 330 · 100 = 333 000

8 · 100 = 800

80 · 100 = 8 000

800 · 100 = 80 000

8 000 · 100 = 800 000

8 800 · 100 = 880 000

8 880 · 100 = 888 000

③

·	10	100
23	230	2 300
423	4 230	42 300
1 423	14 230	142 300

·	10	100
48	480	4 800
548	5 480	54 800
3 548	35 480	354 800

Dividieren durch 10 und 100

① Immer : 10

40 : 10 =	4

400 : 10 = 40

4 000 : 10 = 400

40 000 : 10 = 4 000

400 000 : 10 = 40 000

404 000 : 10 = 40 400

70 : 10 =	7

700 : 10 = 70

7 000 : 10 = 700

70 000 : 10 = 7 000

700 000 : 10 = 70 000

770 000 : 10 = 77 000

② Immer : 100

400 : 100 =	4

4 000 : 100 = 40

40 000 : 100 = 400

400 000 : 100 = 4 000

440 000 : 100 = 4 400

400 400 : 100 = 4 004

700 : 100 =	7

7 000 : 100 = 70

70 000 : 100 = 700

700 000 : 100 = 7 000

707 000 : 100 = 7 070

777 000 : 100 = 7 770

③

:	10	100
9 500	950	95
79 500	7 950	795
279 500	27 950	2 795

:	10	100
6 300	630	63
56 300	5 630	563
456 300	45 630	4 563

① **Verwandte Aufgaben** $3 \cdot 9 =$ __27__

Mein Tipp:
Rechne in Schritten!
$3 \cdot 90 = \boxed{3 \cdot 9} \cdot 10$
$3 \cdot 900 = \boxed{3 \cdot 9} \cdot 100$

$3 \cdot 90 =$ __270__	$30 \cdot 9 =$ __270__
$3 \cdot 900 =$ __2 700__	$300 \cdot 9 =$ __2 700__
$3 \cdot 9 000 =$ __27 000__	$3 000 \cdot 9 =$ __27 000__

$7 \cdot 8 = $ __56__

$7 \cdot 80 =$ __560__	$70 \cdot 8 =$ __560__
$7 \cdot 800 =$ __5 600__	$700 \cdot 8 =$ __5 600__
$7 \cdot 8 000 =$ __56 000__	$7 000 \cdot 8 =$ __56 000__

②
$6 \cdot 4 =$ __24__	$5 \cdot 7 =$ __35__
$6 \cdot 40 =$ __240__	$5 \cdot 70 =$ __350__
$60 \cdot 4 =$ __240__	$50 \cdot 7 =$ __350__
$60 \cdot 40 =$ __2 400__	$50 \cdot 70 =$ __3 500__
$6 \cdot 400 =$ __2 400__	$5 \cdot 700 =$ __3 500__
$60 \cdot 400 =$ __24 000__	$50 \cdot 700 =$ __35 000__
$600 \cdot 4 =$ __2 400__	$500 \cdot 7 =$ __3 500__
$600 \cdot 40 =$ __24 000__	$500 \cdot 70 =$ __35 000__
$600 \cdot 400 =$ __240 000__	$500 \cdot 700 =$ __350 000__

42

 Mein Tipp:
Rechne in Schritten!
$420 : 60 = \boxed{420 : \boxed{6}} : 10$

③ $42 : 6 =$ __7__

$420 : 6 =$ __70__	$420 : 60 =$ __7__
$4 200 : 6 =$ __700__	$4 200 : 60 =$ __70__
$42 000 : 6 =$ __7 000__	$42 000 : 60 =$ __700__

$32 : 8 =$ __4__

$320 : 8 =$ __40__	$320 : 80 =$ __4__
$3 200 : 8 =$ __400__	$3 200 : 80 =$ __40__
$32 000 : 8 =$ __4 000__	$32 000 : 80 =$ __400__

④
$45 : 5 =$ __9__	$72 : 9 =$ __8__
$450 : 5 =$ __90__	$720 : 9 =$ __80__
$450 : 50 =$ __9__	$720 : 90 =$ __8__
$4 500 : 5 =$ __900__	$7 200 : 9 =$ __800__
$4 500 : 50 =$ __90__	$7 200 : 90 =$ __80__
$4 500 : 500 =$ __9__	$7 200 : 900 =$ __8__
$45 000 : 5 =$ __9 000__	$72 000 : 9 =$ __8 000__
$45 000 : 50 =$ __900__	$72 000 : 90 =$ __800__
$45 000 : 500 =$ __90__	$72 000 : 900 =$ __80__

43

---

①
$7 \cdot 2 =$ __14__	$8 \cdot 4 =$ __32__	$6 \cdot 9 =$ __54__
$7 \cdot 20 =$ __140__	$80 \cdot 4 =$ __320__	$60 \cdot 90 =$ __5 400__
$7 \cdot 200 =$ __1 400__	$8 \cdot 400 =$ __3 200__	$6 \cdot 900 =$ __5 400__
$70 \cdot 20 =$ __1 400__	$800 \cdot 40 =$ __32 000__	$6 \cdot 90 =$ __540__

② **Zu jeder Aufgabe gehören 2 Karten. Färbe und rechne.**

$98 \cdot 4 =$ __392__	$6 \cdot 44 =$ __264__	$52 \cdot 7 =$ __364__	$5 \cdot 37 =$ __185__

$5 \cdot 7 =$ __35__	$90 \cdot 4 =$ __360__	$50 \cdot 7 =$ __350__	$6 \cdot 4 =$ __24__

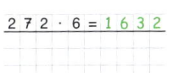
$6 \cdot 40 =$ __240__	$2 \cdot 7 =$ __14__	$5 \cdot 30 =$ __150__	$8 \cdot 4 =$ __32__

③
$5 \cdot 320 = 1\,600$	$9 \cdot 570 = 5\,130$
$5 \cdot 300 = 1\,500$	$9 \cdot 500 = 4\,500$
$5 \cdot 20 = 100$	$9 \cdot 70 = 630$

Ich zerlege in H, Z und E.

④
$187 \cdot 5 = 935$	$259 \cdot 3 = 777$
$100 \cdot 5 = 500$	$200 \cdot 3 = 600$
$80 \cdot 5 = 400$	
$7 \cdot 5 = 35$	

$631 \cdot 4 = 2\,524$ $272 \cdot 6 = 1\,632$

44

---

⑤
$6 \cdot 7 =$ __42__	$9 \cdot 3 =$ __27__	$8 \cdot 7 =$ __56__
$6 \cdot 70 =$ __420__	$9 \cdot 30 =$ __270__	$8 \cdot 70 =$ __560__
$6 \cdot 700 =$ __4 200__	$9 \cdot 300 =$ __2 700__	$8 \cdot 700 =$ __5 600__
$6 \cdot 7 000 =$ __42 000__	$9 \cdot 3 000 =$ __27 000__	$8 \cdot 7 000 =$ __56 000__

⑥
$7 \cdot 4 200 = 29\,400$	$5 \cdot 6 700 = 33\,500$
$7 \cdot 4 000 = 28\,000$	$5 \cdot 6 000 = 30\,000$
$7 \cdot 200 = 1\,400$	$5 \cdot 700 = 3\,500$

⑦
$5 234 \cdot 5 = 26\,170$	$4 362 \cdot 8 = 34\,896$
$5 000 \cdot 5 = 25\,000$	$4 000 \cdot 8 = 32\,000$
$200 \cdot 5 = 1\,000$	
$30 \cdot 5 = 150$	
$4 \cdot 5 = 20$	

$3 654 \cdot 7 = 25\,578$ $2 798 \cdot 6 = 16\,788$

$6 113 \cdot 3 = 18\,339$ $2 518 \cdot 9 = 22\,662$

45

① Ergänze …

a) … die 4er-Reihe.

4, 8, 12, __16__, __20__, __24__, __28__, __32__, __36__, 40

b) … die 40er-Reihe.

40, 80, __120__, __160__, __200__, __240__, __280__, __320__, __360__, 400

② Rechne.

2 5 2 : 4 = 6 3	3 8 8 : 4 = 9 7
2 4 0 : 4 = 6 0	3 6 0 : 4 = 9 0
1 2 : 4 = 3	2 8 : 4 = 7

1 4 4 : 4 = 3 6	2 9 6 : 4 = 7 4
1 2 0 : 4 = 3 0	2 8 0 : 4 = 7 0
2 4 : 4 = 6	1 6 : 4 = 4

③ Zerlege geschickt und rechne.

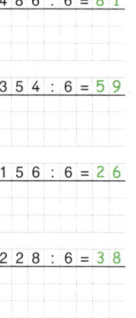

Die Zahlen aus
Aufgabe 1 helfen dir.

188 : 4 = __47__   432 : 4 = __108__

336 : 4 = __84__   156 : 4 = __39__

304 : 4 = __76__   372 : 4 = __93__

④ a) Ergänze die 60er-Reihe.

60, __120__, __180__, __240__,
__300__, __360__, __420__,
__480__, __540__, 600

b) 4 8 6 : 6 = 8 1

3 5 4 : 6 = 5 9

1 5 6 : 6 = 2 6

2 2 8 : 6 = 3 8

4 3 8 : 6 = 7 3

2 8 2 : 6 = 4 7

⑤ a) Ergänze die 90er-Reihe.

90, __180__, __270__, __360__,
__450__, __540__, __630__,
__720__, __810__, 900

b) 8 0 1 : 9 = 8 9

6 8 4 : 9 = 7 6

1 8 9 : 9 = 2 1

5 8 5 : 9 = 6 5

4 7 7 : 9 = 5 3

4 2 3 : 9 = 4 7

Genau schauen (2)

Andreas, Sarah und ihre Freunde gehen heute ins Stadion.
Findest du sie im großen Bild wieder? Kreise ein.

Andreas   Lukas   Karolina   Timo   Sina

Robin   Dilek   Fabian   Samir   Sarah

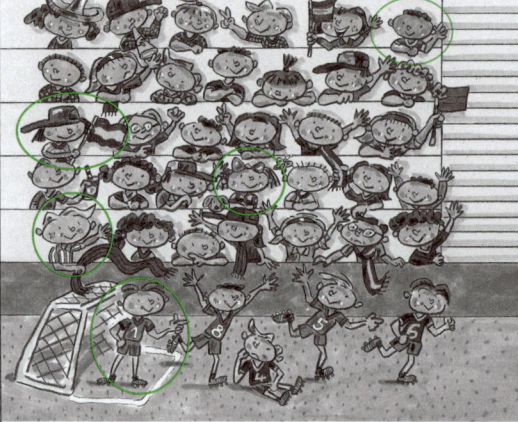

①

```
    4 3 2        5 1 0 7       3 5 2 7       2 7 9 3
+ 2 5 2 6     +   8 7 4     + 4 0 9 1     + 5 5 0 4
                      1             1             1
  2 9 5 8       5 9 8 1       7 6 1 8       8 2 9 7


  4 7 8 6          5 0 8         7 6 2       2 6 4 7
+ 3 6 0 3     + 8 6 7 4     + 4 9 2 7     + 5 5 8 2
      1           1 1 1             1           1 1
  8 3 8 9       9 1 8 2       5 6 8 9       8 2 2 9


  3 4 3 5       3 4 0 7       2 8 5 3       5 3 5 3
    7 0 2       5 4 3 2       3 4 1 7       2 1 3 4
+ 6 1 6 6     + 4 3 6 4     + 5 2 0 3     + 3 6 2 4
  1 1 1         1 1 1           1 1         1 1 1
1 0 3 0 3     1 3 2 0 3     1 1 4 7 3     1 1 1 1 1
```

Hier musst du beim Übertrag aufpassen.

②

```
  3 4 5 1       6 2 5 8       3 9 4 2
  6 5 9 2         4 7 3       4 7 8 6
+   6 7 6     + 3 8 9 5     + 8 5 3 1
  1 2           1 2 1           2 1
1 0 7 1 9     1 0 6 2 6     1 7 2 5 9


  3 9 7 2       4 5 7 3       3 5 6 2       8 7 6 5
  4 8 3 9       6 2 8 9       4 7 9 6       5 6 3 3
+ 5 6 3 4     + 3 6 5 1     + 3 6 8 4     + 7 8 2 4
  2 1 1         1 2 1         2 2 1         2 1 1
1 4 4 4 5     1 4 5 1 3     1 2 0 4 2     2 2 2 2 2
```

50

③ Schreibe richtig untereinander und rechne.

```
3 397 + 4 209              3 436 + 749              496 + 3 058

  3 3 9 7                    3 4 3 6                    4 9 6
+ 4 2 0 9                  +   7 4 9                + 3 0 5 8
                             1   1
  7 6 0 6                    4 1 8 5                  3 5 5 4


2 143 + 243 + 2 312        3 307 + 492 + 1 028       784 + 5 627 + 809

  2 1 4 3                    3 3 0 7                    7 8 4
    2 4 3                      4 9 2                  5 6 2 7
+ 2 3 1 2                  + 1 0 2 8                +   8 0 9
                                                     2 1 2
  4 6 9 8                    4 8 2 7                  7 2 2 0
```

Hier brauchst du einen guten Zahlenblick!

④ Addiere: Immer zwei Zahlen ergeben 10 000.
Färbe in der gleichen Farbe.

| 2 356 | 4 381 | 4 577 | 7 644 |

| 3 743 | 6 257 | 5 423 | 5 619 |

```
  2 3 5 6       3 7 4 3       4 3 8 1       4 5 7 7
+ 7 6 4 4     + 6 2 5 7     + 5 6 1 9     + 5 4 2 3
  1 1 1         1 1 1         1 1 1         1 1 1
1 0 0 0 0     1 0 0 0 0     1 0 0 0 0     1 0 0 0 0
```

51

---

①

```
  4 6 3 5       9 4 5 2       4 6 3 9       7 4 6 8
- 2 5 8 4     - 6 7 5 1     - 2 5 5 7     - 4 2 9 7

  2 0 5 1       2 7 0 1       2 0 8 2       3 1 7 1


  3 5 8 8       5 4 8 9       6 7 3 5       3 4 1 6
- 1 8 0 7     - 3 6 8 8     - 4 5 8 1     - 2 3 7 7

  1 7 8 1       1 8 0 1       2 1 5 4       1 0 3 9


  7 0 3 8       9 0 0 3       6 9 7 0       4 0 0 5
- 6 9 3 6     - 2 6 9 2     - 3 7 8 2     - 2 7 1 4

    1 0 2       6 3 1 1       3 1 8 8       1 2 9 1
```

② Schreibe richtig untereinander und rechne.

```
3 454 – 1 341     9 467 – 235     7 536 – 4 316     9 423 – 6 501

  3 4 5 4           9 4 6 7         7 5 3 6           9 4 2 3
- 1 3 4 1         -   2 3 5       - 4 3 1 6         - 6 5 0 1

  2 1 1 3           9 2 3 2         3 2 2 0           2 9 2 2


8 307 – 626       7 294 – 4 178   5 007 – 3 625     9 735 – 83

  8 3 0 7           7 2 9 4         5 0 0 7           9 7 3 5
-   6 2 6         - 4 1 7 8       - 3 6 2 5         -     8 3

  7 6 8 1           3 1 1 6         1 3 8 2           9 6 5 2
```

52

③ Welche Zahl fehlt?

```
  7 3 8 1       6 8 3 7       8 0 0 8       9 5 2 9
- 1 5 7 2     - 3 6 5 4     - 2 6 8 5     - 1 6 8 3

  5 8 0 9       3 1 8 3       5 3 2 3       7 8 4 6
```

8 008   2 573   7 381   4 947

6 781   3 645   6 837   9 529

```
  3 9 6 8       8 4 5 2       7 8 0 2       8 9 2 5
- 2 5 7 3     - 3 6 4 5     - 4 9 4 7     - 6 7 8 1

  1 3 9 5       4 8 0 7       2 8 5 5       2 1 4 4
```

④ Subtrahiere: Das Ergebnis muss immer 11 111 sein.
Färbe.

┌ grün ┐	┌ lila ┐		┌ blau ┐	┌ lila ┐
24 396	57 354	⊖	28 283	46 243
blau	gelb		grün	gelb
39 394	78 352		13 285	67 241

```
  2 4 3 9 6       3 9 3 9 4       5 7 3 5 4       7 8 3 5 2
- 1 3 2 8 5     - 2 8 2 8 3     - 4 6 2 4 3     - 6 7 2 4 1

  1 1 1 1 1       1 1 1 1 1       1 1 1 1 1       1 1 1 1 1
```

53

① Wiederhole das Einmaleins.

·	3	4	7	9
2	6	8	14	18
4	12	16	28	36
8	24	32	56	72

·	7	9	6	8
3	21	27	18	24
6	42	54	36	48
9	63	81	54	72

②

```
 432 · 2      642 · 2      582 · 3
  864         1 284        1 746

3 582 · 4    4 054 · 4    7 825 · 6
 14 328       16 216       46 950

4 672 · 8    5 347 · 8    8 029 · 9
 37 376       42 776       72 261

5 937 · 4    6 809 · 2    7 654 · 6
 23 748       13 618       45 924
```

③ Drei Aufgaben sind falsch. Streiche durch und rechne richtig.

```
 628 · 5      756 · 3      874 · 3
 3 040        2 268        2 612

3 462 · 4    2 609 · 6    3 574 · 6
13 848       15 654       20 444
```

```
 628 · 5      874 · 3      3 574 · 6
 3 140        2 622         21 444
```

54

---

④ Wiederhole das Einmaleins.

·	3	4	8	9
6	18	24	48	54
7	21	28	56	63
9	27	36	72	81

·	3	0	7	8
4	12	0	28	32
6	18	0	42	48
8	24	0	56	64

⑤

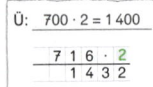 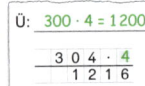

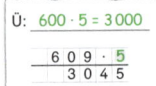 

```
 254 · 5      642 · 5      732 · 4
 1 270        3 210        2 928

 347 · 7      624 · 7      483 · 6
 2 429        4 368        2 898

2 468 · 9    3 579 · 9    8 765 · 8
22 212       32 211       70 120

1 597 · 7    3 026 · 5    3 462 · 6
11 179       15 130       20 772
```

⑥ Kleine Knobelei: Mit welcher Zahl wurde multipliziert?

```
Ü: 700 · 2 = 1 400      Ü: 300 · 4 = 1 200
   716 · 2                 304 · 4
   1 432                   1 216
```

Mach zuerst einen Überschlag. So erhältst du das ungefähre Ergebnis.

```
Ü: 600 · 5 = 3 000      Ü: 500 · 4 = 2 000
   609 · 5                 488 · 4
   3 045                   1 952
```

55

---

① Färbe: Fünferzahlen   Achterzahlen   Sechserzahlen

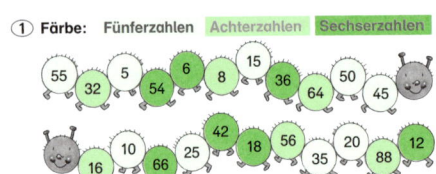

②

```
Ü: 600 · 60 = 36 000      Ü: 300 · 70 = 21 000
    624 · 56                  284 · 65
   3 120                     1 704
   3 744                     1 420

  34 944                    18 460
```

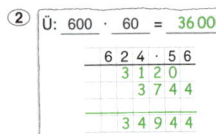

```
Ü: 2 000 · 70 = 140 000   Ü: 5 000 · 80 = 400 000
   2 467 · 68                 4 873 · 76
  14 802                     34 111
  19 736                     29 238
       1                          1
 167 756                    370 348
```

③ Eine Aufgabe ist falsch. Finde den Fehler und rechne richtig.

```
2 467 · 65     3 589 · 86     3 589 · 86
14 802         28 712         28 712
12 335         21 534         21 534
                    1
160 355        308 654        208 654
```

56

---

④ Färbe: Viererzahlen   Neunerzahlen   Siebenerzahlen

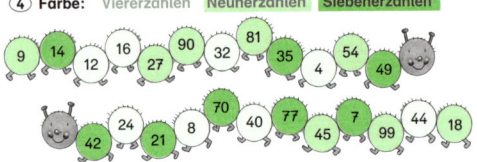

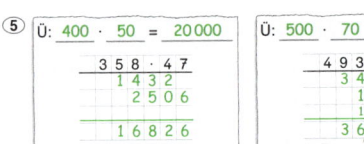

⑤

```
Ü: 400 · 50 = 20 000      Ü: 500 · 70 = 35 000
    358 · 47                  493 · 74
   1 432                     3 451
   2 506                     1 972
                                  1
  16 826                    36 482
```

```
Ü: 5 000 · 80 = 400 000   Ü: 6 000 · 50 = 300 000
   5 483 · 79                 6 074 · 49
  38 381                     24 296
  49 347                     54 666
     111                         11
 433 157                    297 626
```

⑥ Eine Aufgabe ist falsch. Finde den Fehler und rechne richtig.

```
2 596 · 74     3 524 · 97     3 524 · 97
18 172         31 716         31 716
10 384         24 668         24 668
                    1              11
192 104        341 828        341 728
```

57

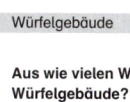

Aus wie vielen Würfeln bestehen diese Würfelgebäude?

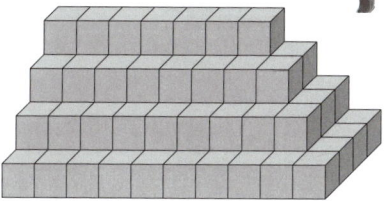

Lösung: __90__ Würfel

 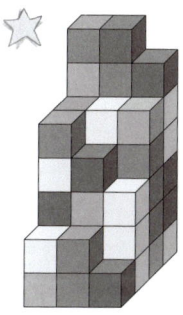

Lösung: __48__ Würfel   Lösung: __52__ Würfel

58

---

① **Verschiebe die Figuren.**
Der Pfeil gibt dir Richtung und Entfernung an.

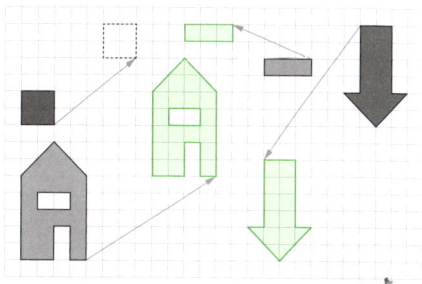

② **Verschiebe mehrfach.**

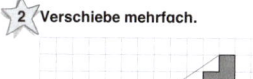

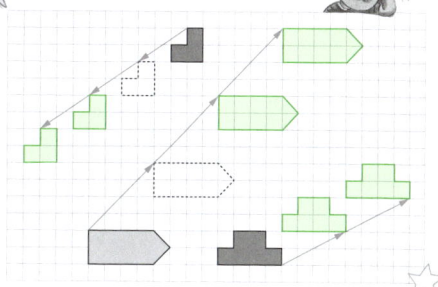

59

---

① **Färbe die richtigen Zahlen.**

teilbar durch 2
7 14 19
18 16 6
10 17 20

teilbar durch 4
16 18 24
13 36 12
28 14 22

teilbar durch 8
24 38 48
16 56 28
64 32 72

② **Welcher Rest kann jeweils bleiben? Rechne und färbe.**

16 : 2 = __8__	16 : 4 = __4__	16 : 8 = __2__
17 : 2 = __8 R 1__	17 : 4 = __4 R 1__	17 : 8 = __2 R 1__
18 : 2 = __9__	18 : 4 = __4 R 2__	18 : 8 = __2 R 2__
19 : 2 = __9 R 1__	19 : 4 = __4 R 3__	19 : 8 = __2 R 3__
20 : 2 = __10__	20 : 4 = __5__	20 : 8 = __2 R 4__
21 : 2 = __10 R 1__	21 : 4 = __5 R 1__	21 : 8 = __2 R 5__
22 : 2 = __11__	22 : 4 = __5 R 2__	22 : 8 = __2 R 6__
23 : 2 = __11 R 1__	23 : 4 = __5 R 3__	23 : 8 = __2 R 7__
24 : 2 = __12__	24 : 4 = __6__	24 : 8 = __3__

① ② ③ ④   ① ② ③ ④   ① ② ③ ④
⑤ ⑥ ⑦ ⑧   ⑤ ⑥ ⑦ ⑧   ⑤ ⑥ ⑦ ⑧

60

---

③ **Färbe die richtigen Zahlen.**

teilbar durch 3
21 14 24
18 16 9
15 23 27

teilbar durch 6
16 18 24
12 36 54
48 14 22

teilbar durch 9
27 39 45
18 56 63
36 32 79

④ **Teilen mit Rest**

17 : 3 = __5 R 2__	19 : 6 = __3 R 1__	13 : 9 = __1 R 4__
25 : 3 = __8 R 1__	35 : 6 = __5 R 5__	29 : 9 = __3 R 2__
29 : 3 = __9 R 2__	56 : 6 = __9 R 2__	48 : 9 = __5 R 3__
13 : 3 = __4 R 1__	39 : 6 = __6 R 3__	79 : 9 = __8 R 7__
20 : 3 = __6 R 2__	22 : 6 = __3 R 4__	60 : 9 = __6 R 6__

⑤ **Welche Zahl wurde geteilt?**

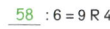

Rechne die
Umkehraufgabe.

TIPP

__44__ : 6 = 7 R 2   __28__ : 9 = 3 R 1
__25__ : 6 = 4 R 1   __59__ : 9 = 6 R 5
__23__ : 6 = 3 R 5   __88__ : 9 = 9 R 7
__58__ : 6 = 9 R 4   __51__ : 9 = 5 R 6

61

① $3184 : 4 = 796$

```
 28
 38
 36
  24
  24
   0
```

$3184 : 4 = 7$
```
 28
```
③

Zwischenkontrolle:
Darf so viel
Rest bleiben?

$6461 : 7 = 923$

$3504 : 4 = 876$

$4984 : 8 = 623$

$5929 : 7 = 847$

② **Hier bleibt ein Rest.**

$6417 : 5 = 1283 R 2$

$3262 : 6 = 543 R 4$

Überprüfe mit der
Umkehraufgabe.

③

$2502 : 3 = 834$

P r o b e
$834 \cdot 3$
2502

TiPP

$4434 : 6 = 739$

P r o b e
$739 \cdot 6$
4434

$5832 : 9 = 648$

P r o b e
$648 \cdot 9$
5832

$2781 : 3 = 927$

P r o b e
$927 \cdot 3$
2781

$3768 : 6 = 628$

P r o b e
$628 \cdot 6$
3768

$7506 : 9 = 834$

P r o b e
$834 \cdot 9$
7506

④ **Hier bleibt ein Rest.**

$8741 : 9 = 971 R 2$

P r o b e
$971 \cdot 6$
8739

$8739 + 2 = 8741$

$6793 : 8 = 849 R 1$

P r o b e
$849 \cdot 8$
6792

$6792 + 1 = 6793$

Figuren nachzeichnen

Merke dir die Figur und zeichne sie nach.

Und so wird's
gemacht:

Merke dir eine Figur
aus der linken Spalte.

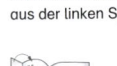

Falte das Blatt entlang
der gestrichelten Linie.
Decke die Figur zu.

Zeichne sie rechts
nach.

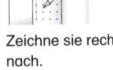

Kontrolliere das
Ergebnis.

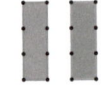

Das Geheimnis des Sternenhimmels
Auflösung Sternenbild: Zentaur

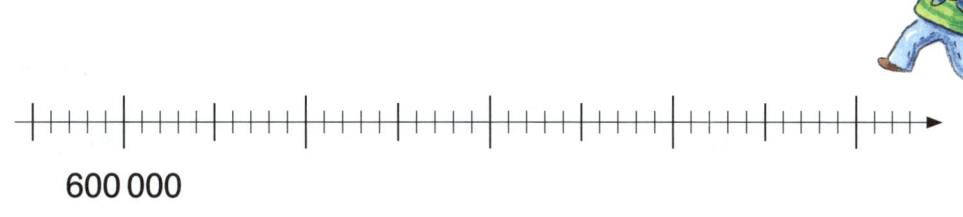

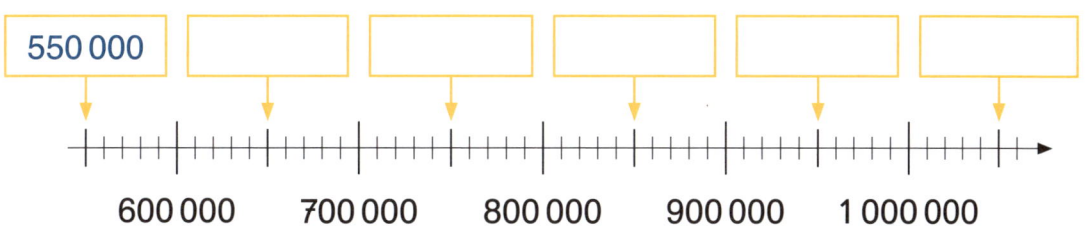

550 000

600 000 700 000 800 000 900 000 1 000 000

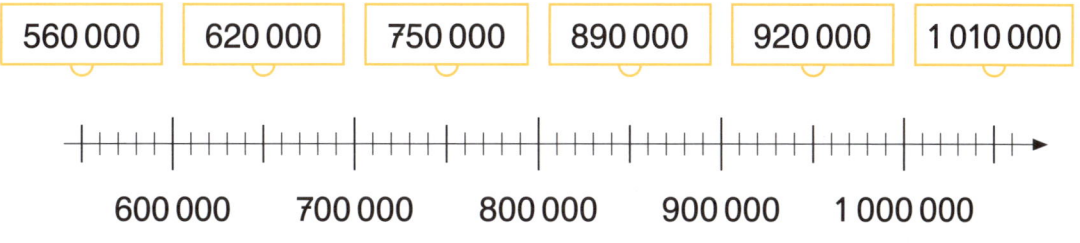

560 000   620 000   750 000   890 000   920 000   1 010 000

600 000 700 000 800 000 900 000 1 000 000

… und rückwärts.

b) 780 000, 740 000, _____ , _____ , _____ , _____

d) 500 000, 460 000, _____ , _____ , _____ , _____

f) 990 000, 950 000, _____ , _____ , _____ , _____

h) 670 000, 630 000, _____ , _____ , _____ , _____

1 Ordne die Zahlen der Größe nach.

356 700   428 500   396 400
836 200   935 200

356 700

675 300   756 300   776 400
657 700   567 600

2 Nachbarzahlen

a) Welche Zahl steht dazwischen?

Vorgänger	Zahl	Nachfolger	Vorgänger	Zahl	Nachfolger
354 567		354 569	963 356		963 358
537 328		537 330	745 834		745 836
856 275		856 277	473 651		473 653

b) Welche Zahl steht davor und welche dahinter?

Vorgänger	Zahl	Nachfolger	Vorgänger	Zahl	Nachfolger
	354 267			635 279	
	995 378			346 735	
	134 865			275 890	
	547 842			415 410	
	757 054			843 016	

34

③ Nachbar-Zehntausender

Zwischen welchen Zehntausendern stehen die Zahlen?

350 000	354 267	360 000		635 279	
	995 378			346 735	
	134 865			275 890	
	547 842			415 410	
	757 054			843 016	

④ Nachbar-Hunderttausender

Zwischen welchen Hunderttausendern stehen die Zahlen?

300 000	354 267	400 000		635 279	
	995 378			346 735	
	134 865			275 890	
	547 842			415 410	
	757 054			843 016	

⑤ Vergleiche: < > =

267 485	◯	367 485	487 356	◯	435 672
829 260	◯	529 260	735 624	◯	736 712
436 728	◯	236 728	587 349	◯	587 249

35

1

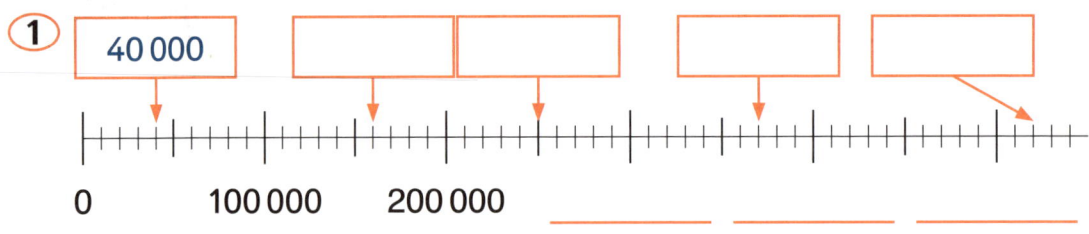

| 40 000 | | | | |

0   100 000   200 000   _____ _____ _____

2 In Tausenderschritten vorwärts

152 392
153 392
_____
_____
156 392

343 654
_____
_____
_____
347 654

Welche Stelle ändert sich? Kennzeichne sie mit einem Punkt.

3 In Zehntausenderschritten vorwärts

152 392
162 392
_____
_____
192 392

343 654
_____
_____
_____
383 654

234 748
_____
_____
_____
274 748

4 In Hunderttausenderschritten vorwärts

152 392
252 392
_____
_____
552 392

343 654
_____
_____
_____
743 654

234 748
_____
_____
_____
634 748

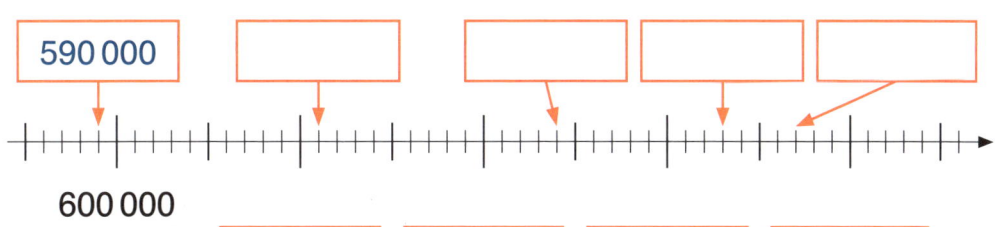

590 000

600 000 _____ _____ _____ _____

5 In Tausenderschritten rückwärts

| 487 385 |
| 486 385 |
| |
| 483 385 |

| 746 247 |
| |
| |
| 742 247 |

| 974 569 |
| |
| |
| 970 569 |

6 In Zehntausenderschritten rückwärts

| 487 385 |
| 477 385 |
| |
| 447 385 |

| 746 247 |
| |
| |
| 706 247 |

| 974 569 |
| |
| |
| 934 569 |

7 In Hunderttausenderschritten rückwärts

| 487 385 |
| 387 385 |
| |
| 87 385 |

| 746 247 |
| |
| |
| 346 247 |

| 974 569 |
| |
| |
| 574 569 |

1 Färbe jedes Netz in der Farbe des zugehörigen Quaders.

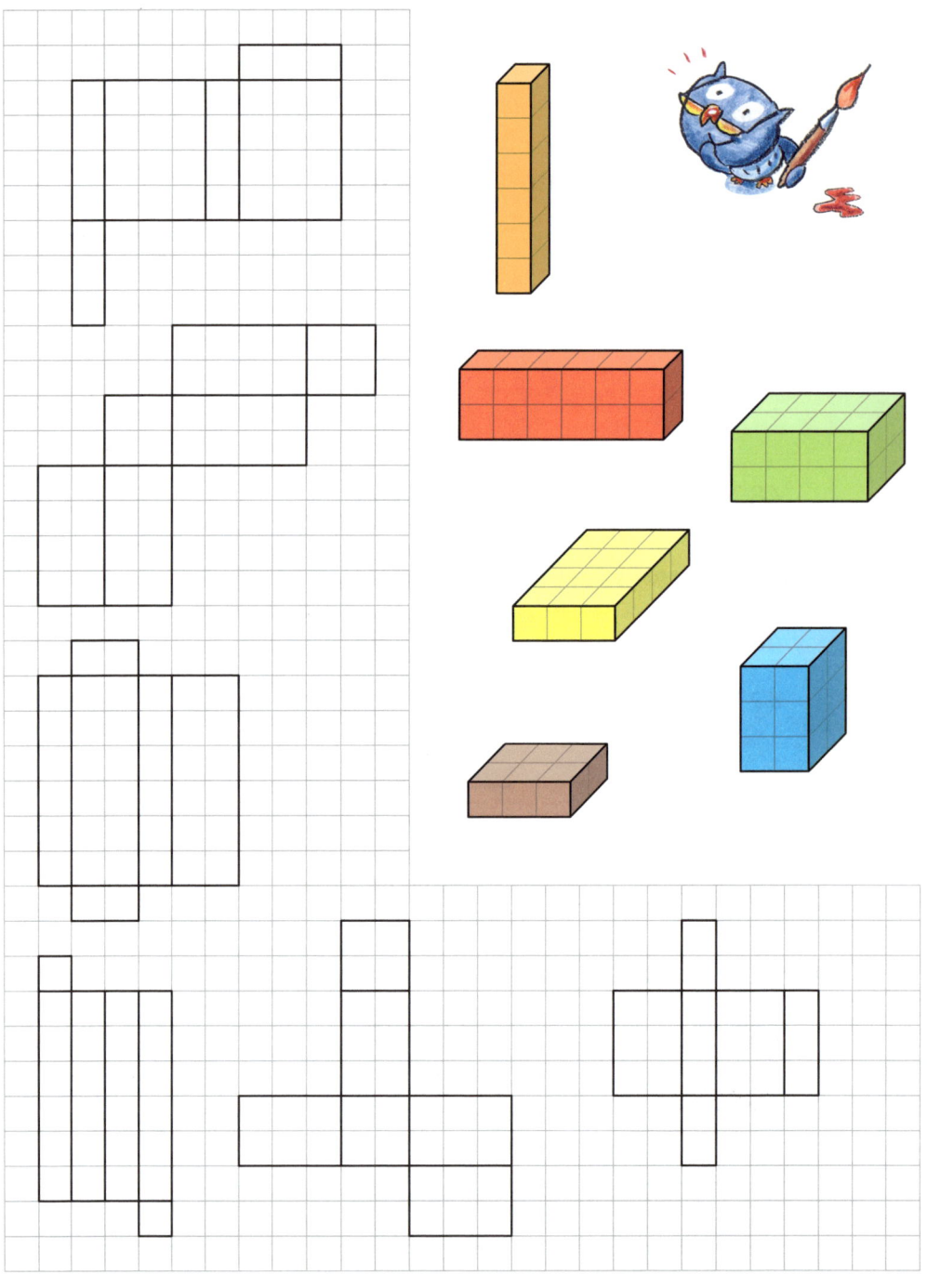

2 Streiche die Netze durch, die keine Quader ergeben.

39

1 **Immer** (**· 10**)

$3 \cdot 10 =$ _____

$30 \cdot 10 =$ _____

$300 \cdot 10 =$ _____

$3\,000 \cdot 10 =$ _____

$30\,000 \cdot 10 =$ _____

$33\,000 \cdot 10 =$ _____

$8 \cdot 10 =$ _____

$80 \cdot 10 =$ _____

$800 \cdot 10 =$ _____

$8\,000 \cdot 10 =$ _____

$80\,000 \cdot 10 =$ _____

$88\,000 \cdot 10 =$ _____

2 **Immer** (**· 100**)

$3 \cdot 100 =$ _____

$30 \cdot 100 =$ _____

$300 \cdot 100 =$ _____

$3\,000 \cdot 100 =$ _____

$3\,300 \cdot 100 =$ _____

$3\,330 \cdot 100 =$ _____

$8 \cdot 100 =$ _____

$80 \cdot 100 =$ _____

$800 \cdot 100 =$ _____

$8\,000 \cdot 100 =$ _____

$8\,800 \cdot 100 =$ _____

$8\,880 \cdot 100 =$ _____

3

·	10	100
23		
423		
1 423		

·	10	100
48		
548		
3 548		

1 Immer (: 10)

40 : 10 = _____	70 : 10 = _____

400 : 10 = _____   700 : 10 = _____

4 000 : 10 = _____   7 000 : 10 = _____

40 000 : 10 = _____   70 000 : 10 = _____

400 000 : 10 = _____   700 000 : 10 = _____

404 000 : 10 = _____   770 000 : 10 = _____

2 Immer (: 100)

400 : 100 = _____	700 : 100 = _____

4 000 : 100 = _____   7 000 : 100 = _____

40 000 : 100 = _____   70 000 : 100 = _____

400 000 : 100 = _____   700 000 : 100 = _____

440 000 : 100 = _____   707 000 : 100 = _____

400 400 : 100 = _____   777 000 : 100 = _____

3

:	10	100
9 500		
79 500		
279 500		

:	10	100
6 300		
56 300		
456 300		

① Verwandte Aufgaben

$3 \cdot 9 =$ _____

Mein Tipp:
Rechne in Schritten!

$3 \cdot 90 = (3 \cdot 9) \cdot 10$
$3 \cdot 900 = (3 \cdot 9) \cdot 100$

$3 \cdot \quad 90 =$ _____	$30 \cdot 9 =$ _____
$3 \cdot \quad 900 =$ _____	$300 \cdot 9 =$ _____
$3 \cdot 9\,000 =$ _____	$3\,000 \cdot 9 =$ _____

$7 \cdot 8 =$ _____

$7 \cdot \quad 80 =$ _____	$70 \cdot 8 =$ _____
$7 \cdot \quad 800 =$ _____	$700 \cdot 8 =$ _____
$7 \cdot 8\,000 =$ _____	$7\,000 \cdot 8 =$ _____

②

$6 \cdot \quad 4 =$ _____	$5 \cdot \quad 7 =$ _____
$6 \cdot \quad 40 =$ _____	$5 \cdot \quad 70 =$ _____
$60 \cdot \quad 4 =$ _____	$50 \cdot \quad 7 =$ _____
$60 \cdot \quad 40 =$ _____	$50 \cdot \quad 70 =$ _____
$6 \cdot 400 =$ _____	$5 \cdot 700 =$ _____
$60 \cdot 400 =$ _____	$50 \cdot 700 =$ _____
$600 \cdot \quad 4 =$ _____	$500 \cdot \quad 7 =$ _____
$600 \cdot \quad 40 =$ _____	$500 \cdot \quad 70 =$ _____
$600 \cdot 400 =$ _____	$500 \cdot 700 =$ _____

... und Dividieren großer Zahlen

Mein Tipp:
Rechne in Schritten!
$420 : 60 = \boxed{420 : 6} : 10$

③ $42 : 6 =$ _____

$420 : 6 =$ _____	$420 : 60 =$ _____
$4\,200 : 6 =$ _____	$4\,200 : 60 =$ _____
$42\,000 : 6 =$ _____	$42\,000 : 60 =$ _____

$32 : 8 =$ _____

$320 : 8 =$ _____	$320 : 80 =$ _____
$3\,200 : 8 =$ _____	$3\,200 : 80 =$ _____
$32\,000 : 8 =$ _____	$32\,000 : 80 =$ _____

④ $45 : 5 =$ _____ $72 : 9 =$ _____

$450 : 5 =$ _____	$720 : 9 =$ _____
$450 : 50 =$ _____	$720 : 90 =$ _____
$4\,500 : 5 =$ _____	$7\,200 : 9 =$ _____
$4\,500 : 50 =$ _____	$7\,200 : 90 =$ _____
$4\,500 : 500 =$ _____	$7\,200 : 900 =$ _____
$45\,000 : 5 =$ _____	$72\,000 : 9 =$ _____
$45\,000 : 50 =$ _____	$72\,000 : 90 =$ _____
$45\,000 : 500 =$ _____	$72\,000 : 900 =$ _____

Halbschriftlich multiplizieren

1

7 · 2 = _____	8 · 4 = _____	6 · 9 = _____
7 · 20 = _____	80 · 4 = _____	60 · 90 = _____
7 · 200 = _____	8 · 400 = _____	6 · 900 = _____
70 · 20 = _____	800 · 40 = _____	6 · 90 = _____

2 **Zu jeder Aufgabe gehören 2 Karten. Färbe und rechne.**

98 · 4 = _____	6 · 44 = _____	52 · 7 = _____	5 · 37 = _____
5 · 7 = _____	90 · 4 = _____	50 · 7 = _____	6 · 4 = _____
6 · 40 = _____	2 · 7 = _____	5 · 30 = _____	8 · 4 = _____

3

5 · 3 2 0 = _____
5 · 3 0 0 =
5 ·   2 0 =

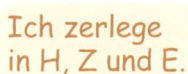
Ich zerlege
in H, Z und E.

9 · 5 7 0 = _____
9 · 5 0 0 =
9 ·   7 0 =

4

1 8 7 · 5 = _____
1 0 0 · 5 =
    8 0 · 5 =
      7 · 5 =

2 5 9 · 3 = _____
2 0 0 · 3 =

6 3 1 · 4 = _____

2 7 2 · 6 = _____

(5)

6 · 7 = _____	9 · 3 = _____	8 · 7 = _____
6 · 70 = _____	9 · 30 = _____	8 · 70 = _____
6 · 700 = _____	9 · 300 = _____	8 · 700 = _____
6 · 7 000 = _____	9 · 3 000 = _____	8 · 7 000 = _____

(6)

7 · 4 2 0 0 =	5 · 6 7 0 0 =
7 · 4 0 0 0 =	5 · 6 0 0 0 =
7 · 2 0 0 =	5 · 7 0 0 =

(7)

5 2 3 4 · 5 =	4 3 6 2 · 8 =
5 0 0 0 · 5 =	4 0 0 0 · 8 =
2 0 0 · 5 =	
3 0 · 5 =	
4 · 5 =	

| 3 6 5 4 · 7 = | 2 7 9 8 · 6 = |

| 6 1 1 3 · 3 = | 2 5 1 8 · 9 = |

Halbschriftlich dividieren

1 **Ergänze …**

    a) … die 4er-Reihe.

       4, 8, 12, _____, _____, _____, _____, _____, _____, 40

    b) … die 40er-Reihe.

       40, 80, _____, _____, _____, _____, _____, _____, _____, 400

2 **Rechne.**

2 5 2 : 4 =		3 8 8 : 4 =
2 4 0 : 4 =		3 6 0 : 4 =
1 2 : 4 =		2 8 : 4 =

1 4 4 : 4 =		2 9 6 : 4 =
1 2 0 : 4 =		2 8 0 : 4 =
2 4 : 4 =		1 6 : 4 =

3 **Zerlege geschickt und rechne.**

Die Zahlen aus
Aufgabe 1 helfen dir.

1 8 8 : 4 =   4 3 2 : 4 =

3 3 6 : 4 =   1 5 6 : 4 =

3 0 4 : 4 =   3 7 2 : 4 =

4 a) Ergänze die 60er-Reihe.

60, _____ , _____ , _____ ,

_____ , _____ , _____ ,

_____ , _____ , 600

b) 4 8 6 : 6 = _____

3 5 4 : 6 = _____

1 5 6 : 6 = _____

2 2 8 : 6 = _____

4 3 8 : 6 = _____

2 8 2 : 6 = _____

5 a) Ergänze die 90er-Reihe.

90, _____ , _____ , _____ ,

_____ , _____ , _____ ,

_____ , _____ , 900

b) 8 0 1 : 9 = _____

6 8 4 : 9 = _____

1 8 9 : 9 = _____

5 8 5 : 9 = _____

4 7 7 : 9 = _____

4 2 3 : 9 = _____

Genau schauen (2)

Andreas, Sarah und ihre Freunde gehen heute ins Stadion. Findest du sie im großen Bild wieder? Kreise ein.

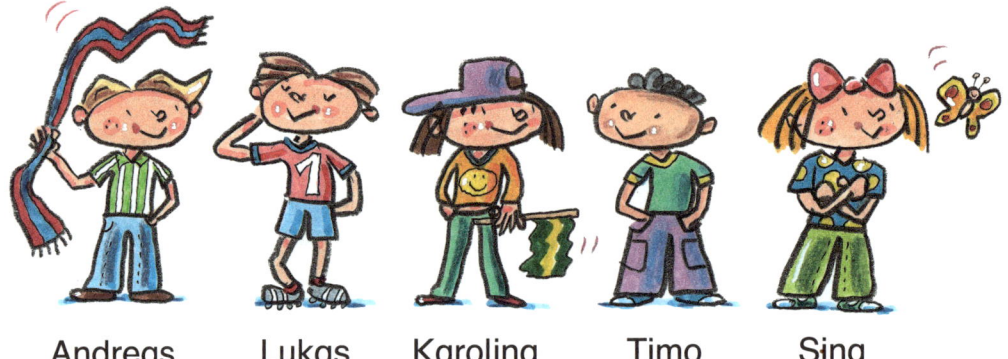

Andreas Lukas Karolina Timo Sina

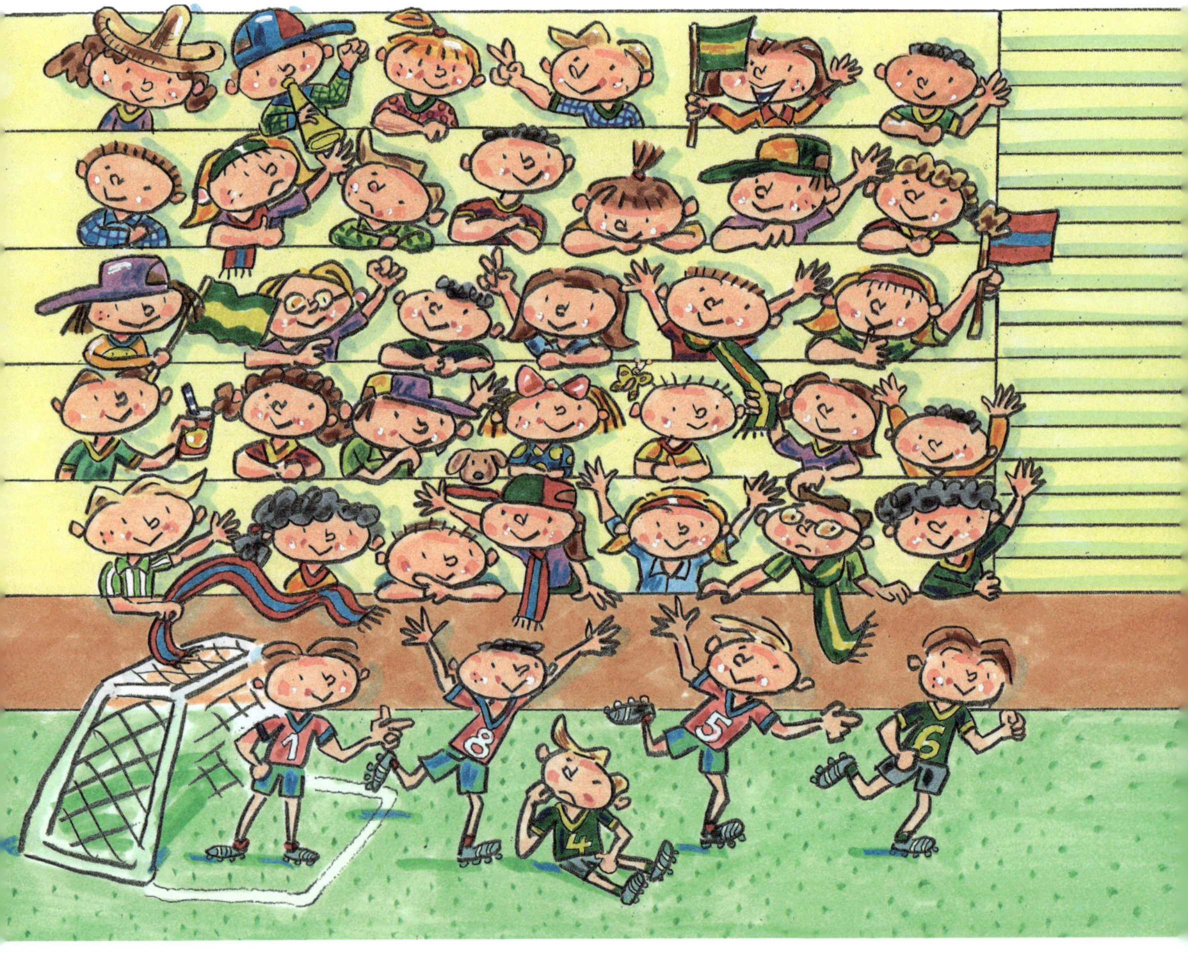

Robin   Dilek   Fabian   Samir   Sarah

1

```
    4 3 2
+ 2 5 2 6
─────────
```

```
  5 1 0 7
+   8 7 4
─────────
```

```
  3 5 2 7
+ 4 0 9 1
─────────
```

```
  2 7 9 3
+ 5 5 0 4
─────────
```

```
  4 7 8 6
+ 3 6 0 3
─────────
```

```
    5 0 8
+ 8 6 7 4
─────────
```

```
    7 6 2
+ 4 9 2 7
─────────
```

```
  2 6 4 7
+ 5 5 8 2
─────────
```

```
  3 4 3 5
    7 0 2
+ 6 1 6 6
─────────
```

```
  3 4 0 7
  5 4 3 2
+ 4 3 6 4
─────────
```

```
  2 8 5 3
  3 4 1 7
+ 5 2 0 3
─────────
```

```
  5 3 5 3
  2 1 3 4
+ 3 6 2 4
─────────
```

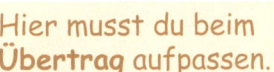

Hier musst du beim **Übertrag** aufpassen.

2

```
  3 4 5 1
  6 5 9 2
+   6 7 6
─────────
```

```
  6 2 5 8
    4 7 3
+ 3 8 9 5
─────────
```

```
  3 9 4 2
  4 7 8 6
+ 8 5 3 1
─────────
```

```
  3 9 7 2
  4 8 3 9
+ 5 6 3 4
─────────
```

```
  4 5 7 3
  6 2 8 9
+ 3 6 5 1
─────────
```

```
  3 5 6 2
  4 7 9 6
+ 3 6 8 4
─────────
```

```
  8 7 6 5
  5 6 3 3
+ 7 8 2 4
─────────
```

3 Schreibe richtig untereinander und rechne.

3 397 + 4 209

3 436 + 749

496 + 3 058

2 143 + 243 + 2 312

3 307 + 492 + 1 028

784 + 5 627 + 809

Hier brauchst du einen guten Zahlenblick!

4 Addiere: Immer zwei Zahlen ergeben 10 000.
Färbe in der gleichen Farbe.

2 356

4 381

4 577

7 644

3 743

6 257

5 423

5 619

1

```
    4 6 3 5          9 4 5 2          4 6 3 9          7 4 6 8
  − 2 5 8 4        − 6 7 5 1        − 2 5 5 7        − 4 2 9 7
  ─────────        ─────────        ─────────        ─────────
```

```
    3 5 8 8          5 4 8 9          6 7 3 5          3 4 1 6
  − 1 8 0 7        − 3 6 8 8        − 4 5 8 1        − 2 3 7 7
  ─────────        ─────────        ─────────        ─────────
```

```
    7 0 3 8          9 0 0 3          6 9 7 0          4 0 0 5
  − 6 9 3 6        − 2 6 9 2        − 3 7 8 2        − 2 7 1 4
  ─────────        ─────────        ─────────        ─────────
```

2 **Schreibe richtig untereinander und rechne.**

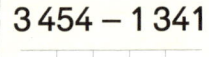
3 454 − 1 341

9 467 − 235

7 536 − 4 316

9 423 − 6 501

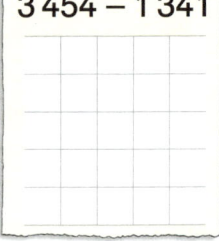

8 307 − 626

7 294 − 4 178

5 007 − 3 625

9 735 − 83

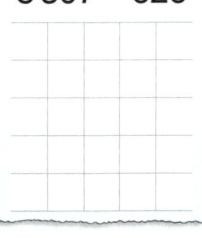

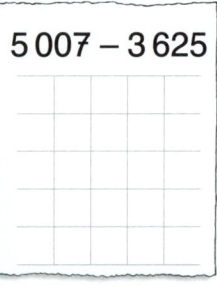

3 Welche Zahl fehlt?

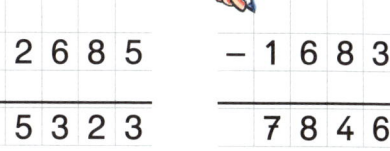

− 1 5 7 2	− 3 6 5 4	− 2 6 8 5	− 1 6 8 3
5 8 0 9	3 1 8 3	5 3 2 3	7 8 4 6

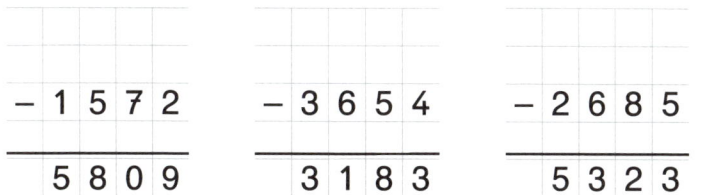

8 008   2 573   7 381   4 947

6 781   3 645   6 837   9 529

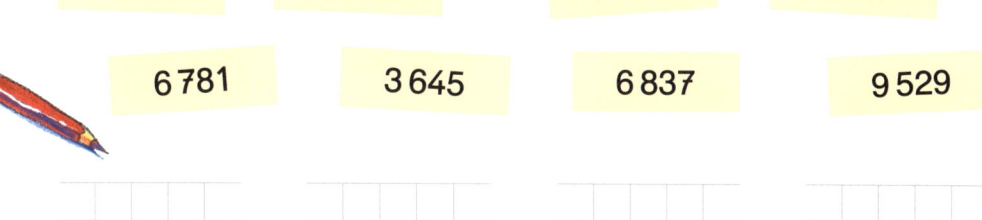

3 9 6 8	8 4 5 2	7 8 0 2	8 9 2 5
−	−	−	−
1 3 9 5	4 8 0 7	2 8 5 5	2 1 4 4

4 Subtrahiere: Das Ergebnis muss immer 11 111 sein.
Färbe.

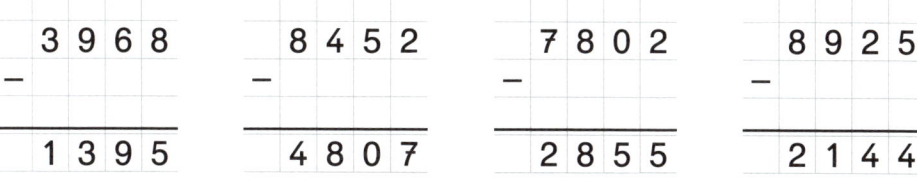

24 396	57 354		28 283	46 243
39 394	78 352	−	13 285	67 241

1 **Wiederhole das Einmaleins.**

·	3	4	7	9
2				
4				
8				

·	7	9	6	8
3				
6				
9				

2

```
 432 · 2        642 · 2        582 · 3

3582 · 4       4054 · 4       7825 · 6

4672 · 8       5347 · 8       8029 · 9

5937 · 4       6809 · 2       7654 · 6
```

3 **Drei Aufgaben sind falsch.**
Streiche durch und rechne richtig.

```
 628 · 5        756 · 3        874 · 3
 3040           2268           2612

3462 · 4       2609 · 6       3574 · 6
13848          15654          20444
```

54

④ Wiederhole das Einmaleins.

·	3	4	8	9
6				
7				
9				

·	3	0	7	8
4				
6				
8				

⑤

254 · 5   642 · 5   732 · 4

347 · 7   624 · 7   483 · 6

2468 · 9   3579 · 9   8765 · 8

1597 · 7   3026 · 5   3462 · 6

⑥ Kleine Knobelei: Mit welcher Zahl wurde multipliziert?

Ü: 700 · 2 = 1 400

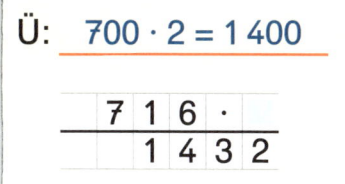

```
  716 ·
  1 4 3 2
```

Ü: _____

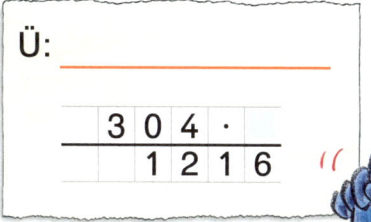

```
  304 ·
  1 2 1 6
```

Mach zuerst einen Überschlag. So erhältst du das ungefähre Ergebnis.

Ü: _____

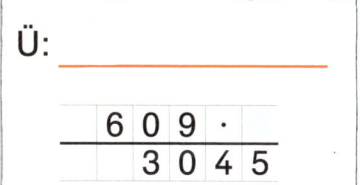

```
  609 ·
  3 0 4 5
```

Ü: _____

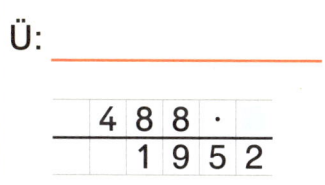

```
  488 ·
  1 9 5 2
```

1 Färbe: **Fünferzahlen** **Achterzahlen** **Sechserzahlen**

55 32 5 54 6 8 15 36 64 50 45

16 10 66 25 42 18 56 35 20 88 12

2

Ü: 600 · 60 = _____

$$624 \cdot 56$$

Ü: _____ · _____ = _____

$$284 \cdot 65$$

Ü: _____ · _____ = _____

$$2467 \cdot 68$$

Ü: _____ · _____ = _____

$$4873 \cdot 76$$

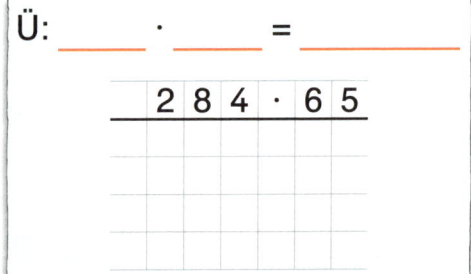

3 Eine Aufgabe ist falsch.
Finde den Fehler und rechne richtig.

```
2 4 6 7 · 6 5
  1 4 8 0 2
    1 2 3 3 5
        1
  1 6 0 3 5 5
```

```
3 5 8 9 · 8 6
  2 8 7 1 2
    2 1 5 3 4
  2 0 8 6 5 4
```

4 Färbe: Viererzahlen Neunerzahlen Siebenerzahlen

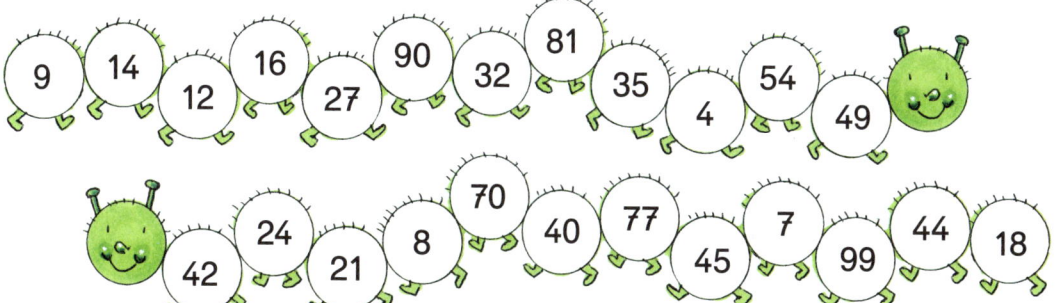

9 | 14 | 12 | 16 | 27 | 90 | 32 | 81 | 35 | 4 | 54 | 49

42 | 24 | 21 | 8 | 70 | 40 | 77 | 45 | 7 | 99 | 44 | 18

5

Ü: _____ · _____ = _____

$$3\ 5\ 8 \cdot 4\ 7$$

Ü: _____ · _____ = _____

$$4\ 9\ 3 \cdot 7\ 4$$

Ü: _____ · _____ = _____

$$5\ 4\ 8\ 3 \cdot 7\ 9$$

Ü: _____ · _____ = _____

$$6\ 0\ 7\ 4 \cdot 4\ 9$$

6 Eine Aufgabe ist falsch.
Finde den Fehler und rechne richtig.

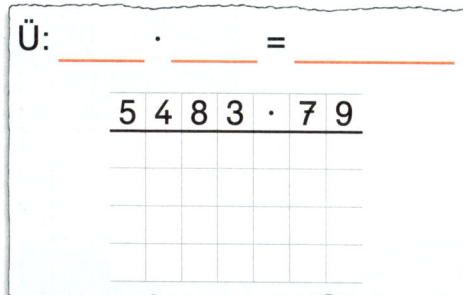

```
2 5 9 6 · 7 4
  1 8 1 7 2
    1 0 3 8 4
        1 1
  1 9 2 1 0 4
```

```
3 5 2 4 · 9 7
  3 1 7 1 6
    2 4 6 6 8
  3 4 1 7 2 8
```

Aus wie vielen Würfeln bestehen diese Würfelgebäude?

Lösung: _____ Würfel

Lösung: _____ Würfel   Lösung: _____ Würfel

1 **Verschiebe die Figuren.**
Der Pfeil gibt dir Richtung und Entfernung an.

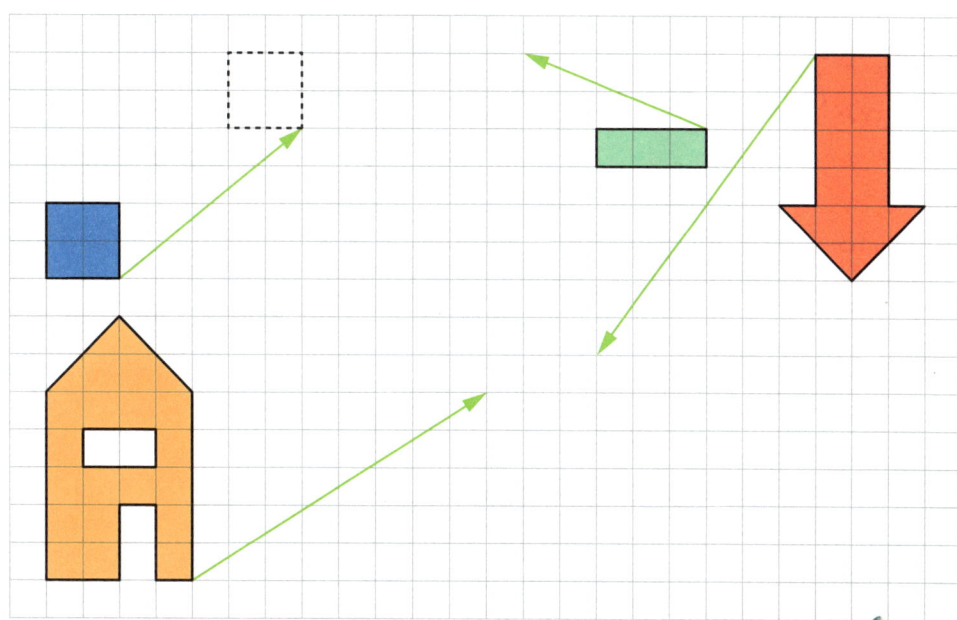

2 **Verschiebe mehrfach.**

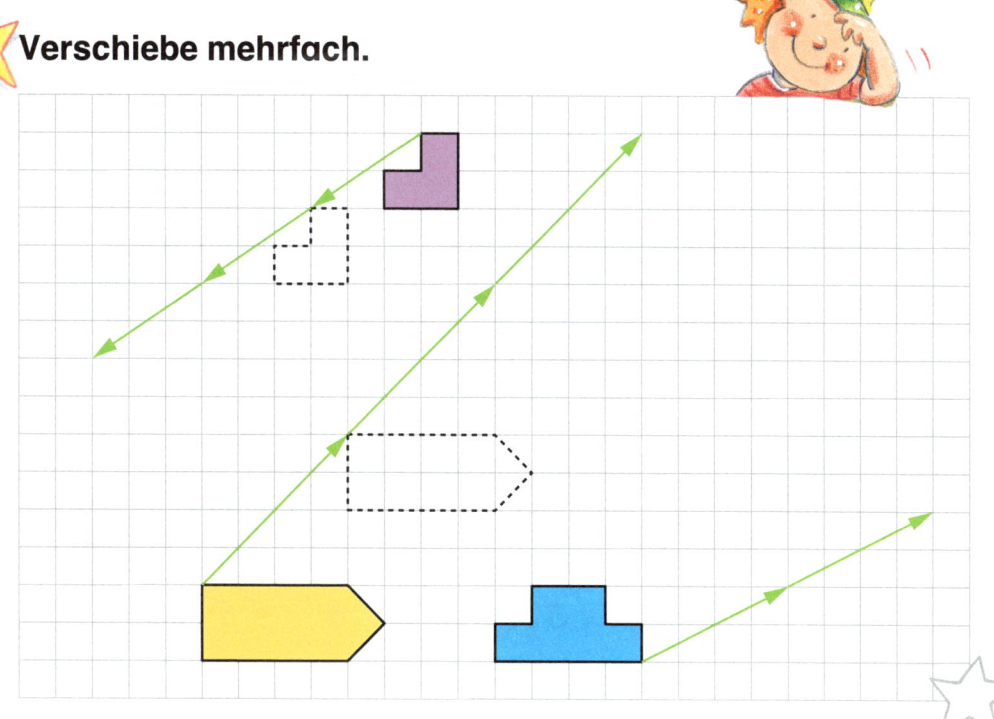

1 **Färbe die richtigen Zahlen.**

teilbar durch 2

7 14 19

18 16 6

10 17 20

teilbar durch 4

16 18 24

13 36 12

28 14 22

teilbar durch 8

24 38 48

16 56 28

64 32 72

2 **Welcher Rest kann jeweils bleiben? Rechne und färbe.**

16 : 2 = _____	16 : 4 = _____	16 : 8 = _____
17 : 2 = _____	17 : 4 = _____	17 : 8 = _____
18 : 2 = _____	18 : 4 = _____	18 : 8 = _____
19 : 2 = _____	19 : 4 = _____	19 : 8 = _____
20 : 2 = _____	20 : 4 = _____	20 : 8 = _____
21 : 2 = _____	21 : 4 = _____	21 : 8 = _____
22 : 2 = _____	22 : 4 = _____	22 : 8 = _____
23 : 2 = _____	23 : 4 = _____	23 : 8 = _____
24 : 2 = _____	24 : 4 = _____	24 : 8 = _____

1 2 3 4   1 2 3 4   1 2 3 4

5 6 7 8   5 6 7 8   5 6 7 8

3 **Färbe die richtigen Zahlen.**

teilbar durch 3

21 14 24
18 16 9
15 23 27

teilbar durch 6

16 18 24
12 36 54
48 14 22

teilbar durch 9

27 39 45
18 56 63
36 32 79

4 **Teilen mit Rest**

17 : 3 = _____   19 : 6 = _____   13 : 9 = _____

25 : 3 = _____   35 : 6 = _____   29 : 9 = _____

29 : 3 = _____   56 : 6 = _____   48 : 9 = _____

13 : 3 = _____   39 : 6 = _____   79 : 9 = _____

20 : 3 = _____   22 : 6 = _____   60 : 9 = _____

5 **Welche Zahl wurde geteilt?**

Rechne die Umkehraufgabe.

TIPP

_____ : 6 = 7 R 2   _____ : 9 = 3 R 1

_____ : 6 = 4 R 1   _____ : 9 = 6 R 5

_____ : 6 = 3 R 5   _____ : 9 = 9 R 7

_____ : 6 = 9 R 4   _____ : 9 = 5 R 6

① 3 1 8 4 : 4 =

3184 : 4 = 7
28
③

Zwischenkontrolle:
Darf so viel
Rest bleiben?

6 4 6 1 : 7 =

3 5 0 4 : 4 =

4 9 8 4 : 8 =

5 9 2 9 : 7 =

② **Hier bleibt ein Rest.**

6 4 1 7 : 5 =

3 2 6 2 : 6 =

3

Überprüfe mit der
Umkehraufgabe.

2 5 0 2 : 3 =

P r o b e
· 3

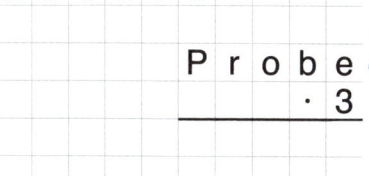

4 4 3 4 : 6 =

P r o b e
· 6

5 8 3 2 : 9 =

P r o b e
·

2 7 8 1 : 3 =

P r o b e
·

3 7 6 8 : 6 =

P r o b e
·

7 5 0 6 : 9 =

P r o b e
·

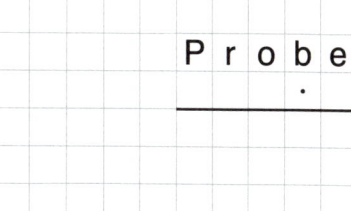

4 **Hier bleibt ein Rest.**

8 7 4 1 : 9 =

P r o b e

6 7 9 3 : 8 =

P r o b e

Merke dir die Figur und zeichne sie nach.

Und so wird's
gemacht:

Merke dir eine Figur
aus der linken Spalte.

Falte das Blatt entlang
der gestrichelten Linie.
Decke die Figur zu.

Zeichne sie rechts
nach.

Kontrolliere das
Ergebnis.

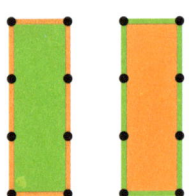
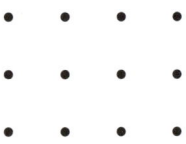

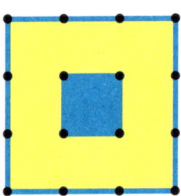

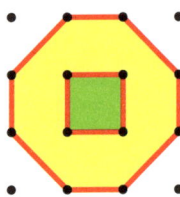

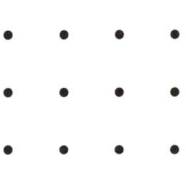

64